Zur Erinnerung an
ALEXANDER ETTENBURG (1858–1919)
„Der Einsiedler von Hiddensee"

Impressum:

© 2020 Tomas Güttler
Satz und Layout: Jacqueline Güttler
Fotos: Postkarten aus der Sammlung von Andreas Arendt
Verlag: tredition GmbH, Hamburg
ISBN Paperback: 978-3-347-14890-1
ISBN e-Book: 978-3-347-14438-5

Alexander Etten-
burg mit seinem
Esel „Hansi" im
Ausschank seiner
Bergwaldschänke
„Ermitage" auf
Tannenhausen.
Ganz in der Nähe
kamen seine
Theaterstücke
zur Aufführung.

Vorwort des Herausgebers

Im Jahr 2014 erschien der Reiseführer Alexander Ettenburgs „Die Insel Hiddensee – das Ostseebad der Zukunft" als Reprint seiner Ausgabe von 1912 neu.

Mit diesem Reiseführer warb Alexander Ettenburg – der Einsiedler von Hiddensee – für „dat söte Länneken", wie er „seine" Insel Hiddensee liebevoll nannte.

Wie kaum ein anderer machte sich Ettenburg für die touristische Erschließung Hiddensees stark. Er warb auf seinen zahlreichen Vortragsreisen für das schmale Eiland, westlich von Rügen, welches Ende des 19. Jahrhunderts selbst vielen Stralsunder Bürgern noch nicht bekannt war.

Über Altefähr auf Rügen, wo er die Pension „Villa Alexander" betrieb, kam Alexander Ettenburg 1888 erstmals als Besucher auf die Insel Hiddensee und verliebte sich sofort in die raue Schönheit und die abwechslungsreiche Landschaft. Nachdem er 1895 seine Pension aufgab, zog es ihn nun dauerhaft nach Hiddensee. Dort kaufte er ein verfallenes Fischerhaus in Grieben und eröffnete dort mit der „Schwedischen Bauernschänke" seine erste gastronomische Einrichtung auf der Insel.

Diese, wie auch die folgenden Stationen im Hochland des Dornbuschs und südlich von Vitte, brachten dem Lebenskünstler, Gastronomen und eigenwilligen Einsiedler persönliche Freiheit, aber auch wirtschaftliche Probleme. Er widmete sich seiner Leidenschaft dem Theaterspiel, schrieb einfache Stücke und führte diese mit Unterstützung der einheimischen Fischer und Bewohner in seinem kleinen Waldtheater auf.

Eines seiner fast in Vergessenheit geratenen Theaterstücke ist in diesem Buch enthalten. „Swantiwits Fall" ist ein melodramatisches Volksfestspiel, welches er für die Insel Hiddensee verfasste. Das im Jahr 1900 in einer Auflage von 1000 Stück im Selbstverlag des Verfassers erschienene Werk, konnte damals für 30 Pfennige erworben werden.

Mit diesem Stück, wie auch mit seinem Reiseführer, setzte er seiner Insel ein Denkmal.

Sein Anteil, dass Anfang des 20. Jahrhunderts Künstler, Maler, Schauspieler, Philosophen – die sogenannte Bohème – Hiddensee als Erholungsort und Ruhepunkt entdeckten ist nicht genug zu würdigen.

So ebnete er die touristische Erschließung der Insel und hatte seinen Anteil an der Entstehung von Unterkünften und Gastwirtschaften.

Einsam und verarmt verließ er im Herbst 1919 die Insel Hiddensee, nachdem er ein viertel Jahrhundert hier lebte und wirkte. Alexander Ettenburg starb am 30. Oktober des Jahres 1919 in Stralsund.

Wie zum Beweis seines bewegten Lebens, voller Höhen und Tiefen, sollte sein größter Wunsch, die letzte Ruhestätte auf dem kleinen Inselfriedhof in Kloster zu finden, nicht in Erfüllung gehen. Die Urne mit den sterblichen Überresten Alexander Ettenburgs ging auf dem Weg nach Hiddensee verloren.

Somit gibt es kein Grab, kein Denkmal für den Einsiedler von Hiddensee. Die Erinnerungen an Alexander Ettenburg sind weitestgehend in Vergessenheit geraten. Um diesem Mann, welchem die Insel Hiddensee so viel zu verdanken hat, einen bleibenden Platz in der bewegten Inselgeschichte einzuräumen, erschien im Jahr 1929, zehn Jahre nach dem Ableben Ettenburgs, das vorliegende Werk von Otto Danckwardt.

Um das Andenken und die Erinnerung an Alexander Ettenburg, den Einsiedler von Hiddensee, weiterhin zu bewahren, folgte der Entschluss, dieses Büchlein neu aufzulegen. Es handelt sich um eine wichtige Chronik, welche die touristische Erschließung Hiddensees beleuchtet und gleichsam den Lebensweg seines schrägen Originals beschreibt. Aber auch das künstlerische Wirken des Einsiedlers von Hiddensee gilt es zu bewahren. Somit sind in dieser Ausgabe zwei Schriften vereint.

Mit diesem Buch halten Sie sowohl ein Werk über Hiddensees Einsiedler, als auch ein Theaterstück von ihm selbst in Ihren Händen. Viel Vergnügen, beim Lesen, Entdecken und Bewahren dieser wertvollen Erinnerungen.

Hiddensee und Dresden im Jahr 2020
Tomas Güttler, Herausgeber

Von den Einheimischen oft als Sonderling, Exzentriker und Außenseiter bezeichnet zeigt sich der Einsiedler von Hiddensee hier mit seinen treuen Begleitern, Esel „Hansi" und Kater „Pussi".

ALEXANDER ETTENBURG

DER EINSIEDLER VON HIDDENSEE

VON OTTO DANCKWARDT

●

EIN

LITERARISCHES DENKMAL

DES EINSIEDLERS

VON HIDDENSEE

DER

»DAT SÖTE LÄNNEKEN«

ENTDECKTE UND ES DEM

DORNRÖSCHENSCHLAF

ENTRISS – WIDER WILLEN

SEINER BEWOHNER

DIE IHN

NICHT VERSTANDEN!

SCHNÖDESTER UNDANK WAR SEIN LOHN
UND SPÖTTISCHER HOHN
FOLGTE IHM ÜBERS GRAB!

Alexander Ettenburg

Un dor, an Rügens Westenkant,
Dor liegt min Hiddensee,
Dat lütte, smale Inselland
Mit Wiesch un wald'ger Höh!
Wie Orgeldon brust hier dat Meer
Bi Dag un ok bi Nacht!
Un Lerchensang swebt öwer her,
In gold'ner Frühjohrspracht!
Min Hiddensee, min sötes Lann',
Wi büst du enzig schön!
Un nie verget, wer eenmal nur
Di Hiddensee hatt' sehn!

Ein eigenartiger Hauch — fast möchte man sagen — ein seltsamer Zauber liegt über Hiddensee, dem kleinen langgestreckten Eilande, das die benachbarte größere Insel Rügen vor den Weststürmen schirmt. Gerade die unverfälschte Natur, die hier noch überall vorherrscht, wirkt so auf den modernen Menschen ein, daß er sich nur schwer von dem kleinen Ländchen losreißen kann, wenn er erst einmal seinen Boden betreten hat. Worte sagen wenig, man muß es selbst kennen, dann wird man auch die Liebe, mit der seine Bewohner und Freunde dieser kleinen Ostseeinsel zugetan sind, begreifen können. Drum kehrt auch Jahr für Jahr eine große Schar Fremder wieder, um sich an ihrem Strand gesund zu baden und für einige Zeit Großstadttrubel und Alltagsmühen entrückt zu sein.

Vor einem Menschenalter war Hiddensee noch ein ziemlich unbekanntes Fleckchen Erde, das kaum die Landkarte verzeichnete und auch von Rügenern und Bewohnern des näheren Festlandes nur selten aufgesucht wurde. Von weither mußte ein Mann kommen, der sich in dies Ländchen verliebte und es — sozusagen — entdeckte. Ein Künstler war es, den das Schicksal an den Strand des Strelasunds führte und dem es später weiter nordwärts auf der sagenumwobenen Insel eine Heimstätte bereitete. Er wurde ihr Barde, der überall ihre Schönheiten pries und »dat söte Länneken« im deutschen

Vaterlande bekannt machte. Wenn er auch oftmals verspottet und arg befehdet wurde, so muß man doch ihm das Verdienst, Hiddensee dem Dornröschenschlaf entrissen zu haben, zuerkennen. Die Hiddenseer und auch die Einwohner der alten Hansestadt Stralsund, der die Insel zum größten Teil zu eigen ist, sind ihm hierfür Dank schuldig. Ich will ihn ein wenig abtragen und mit meinen Zeilen die Erinnerung an den Entdecker Hiddensees

ALEXANDER ETTENBURG
wachhalten.

STRALSUND, IM WINTER 1929/30

OTTO DANCKWARDT

I.

Fern von der Ostsee, in dem kleinen schlesischen Orte Gugel=
vitz im Kreise Militzsch, wurde Alexander Eggers, wie sein
ursprünglicher Name war, am 28. Februar 1858 als Sohn
eines Gutsbesitzers geboren. Es war an einem Sonntag=
morgen, als von der nahen Dorfkirche »Orgelton und Glocken=
klang« zum Herrenhaus hinüberschalten, in dem der kleine
Alexander das Licht der Welt erblickte. Auf dem Gutshofe
und im heimatlichen Dorfe verlebte der feine, aufgeweckte
Junge seine erste Jugend.

Später brachten ihn seine Eltern, um ihm eine gute Schul=
bildung angedeihen zu lassen, auf eine pädagogische Anstalt.
Nachdem er diese absolviert hatte, sollte er die Offiziers=
laufbahn einschlagen. Doch der Sohn hegte andere Zukunfts=
pläne: er fühlte sich zu den weltbedeutenden Brettern hin=
gezogen. Nach harten Kämpfen mit seiner Familie setzte er
schließlich seinen Willen durch und erhielt die Mittel, um
sich für die Bühne ausbilden zu lassen. Mit zwanzig Jahren
trat er zum ersten Mal unter dem Künstlernamen *Alexander
Ettenburg* auf. Diesen Namen behielt er auch später in
seinem bürgerlichen Leben bei.

Aber bereits nach wenigen Jahren sah er sich aus Gesund=
heitsrücksichten gezwungen, sein heißersehntes und erkämpftes
Lebensziel wieder aufzugeben, und lebte, da er von Hause
aus vermögend war, ganz seinen Neigungen, die vornehm=
lich der Dichtkunst galten.

Ein ungebundener Lebenswandel in den Großstädten unter=
grub jedoch bald seine Gesundheit. Es wurde ihm daher
von ärztlicher Seite geraten, an die See zu gehen. So kam
er in die Mitte der achtziger Jahre nach Stralsund. Damals
verkehrte noch der Vorgänger des jetzigen Fährdampfers
»Altefähr I« zwischen der Stadt und Rügen. Es war dies
einer der damals üblichen Raddampfer, der wie die heutigen
Trajekte nicht zu wenden brauchte und vor= und rückwärts
fuhr. Er führte auch den Namen »Altefähr«, doch nannten

ihn die Stralsunder gewöhnlich nur »de olle Flunner«. Da
er zuweilen die Fahrten infolge seines hohen Alters und
der dadurch hervorgerufenen Gebrechen nicht pünktlich inne=
hielt und auch oftmals aussetzen mußte, hatte man auf ihn
folgenden Spottvers gemünzt:

> Von Stralsund, seggt he,
> Nah Ollfähr, seggt he,
> Geht 'n Damper, seggt he,
> Hen un her.
>
> Von't oll Ding, seggt he,
> Is grot Geschrei, seggt he,
> Alle Oogenblick, seggt he,
> Is't intwei.

Mit der Flunder gelangte Alexander eines Tages, als sie mal
ausnahmsweise nicht »intwei« war, auch nach Altefähr.
Schon auf der Fahrt konnte er sich an dem einzigartigen,
wunderbaren Stadtbild des alten Stralsund erfreuen. Von
weither sind die wuchtigen Kirchenbauten mit den hochauf=
ragenden Türmen sichtbar, doch bieten sie von der Rügen=
seite aus den stolzesten Anblick: haarscharf zeichnet sich
der Schattenriß der Stadt wie eine Burg des Mittelalters am
Himmel ab. Jeder, der nur einmal jenseits des Strelsunds
gestanden und dies Bild in sich aufgenommen hat, wird sich
hieran immer wieder erinnern müssen, wenn der Name
Stralsund fällt. Und der Schriftsteller Otto v. Boenigk hat nicht
übertrieben, wenn er seine Begeisterung in die Worte kleidet:

> Wer von den Bädern Rügens heimkehrt aufs deutsche
> Festland, dem gibt die nordische Insel als *letzten Scheide=*
> *gruß noch ein köstliches Bild mit auf den Weg:* Drüben,
> jenseits des Strelasunds, erhebt sich aus dem stahl=
> blauen Meer die alte turm= und zinnengekrönte Hanse=
> stadt *Stralsund wie ein Stück aus Märchenland,* umleuchtet
> von der hinter ihr zur Rüste gehenden Sonne.

Auch des Schlesiers Künstleraugen werden immer wieder
über den Meeresstrom, in dessen blauen Fluten die statt=
lichen Türme sich wiederspiegelten, geschweift haben, und
vielleicht ist in ihm schon bei der ersten Überfahrt der Wunsch
aufgestiegen, hier auf Rügen festen Fuß zu fassen, um sich
an diesem erhabenen Stadtbild, das auf der Welt nicht
seinesgleichen hat, immer wieder ergötzen zu können.
Als Gegenstück zu dem prächtigen Stadtbild liegt auf der
Rügenseite das trauliche Fährdorf. Wie sich die Küchlein

um die Henne sammeln, so scharen sich die kleinen weißen, strohbedeckten Bauernhäuschen um die alte gedrungene Dorf= kirche. Vom Sunde, der kein Süßwasser führt, sondern einen Nebenarm der Ostsee darstellt, steigt würziger Salz= duft auf. Am Strande, auf einer kleinen Anhöhe liegt der prächtige Kurpark, der die Hauptzierde des Ortes bildet. Dies alles übte auf Ettenburg einen starken Reiz aus. Er verzichtete daher auf die wohl vorgesehene Weiterreise, von der es in dem erwähnten Spottlied heißt:

> Von Ollfähr, seggt he,
> Bet nah Bargen, seggt he,
> Geht 'n Bummler, seggt he,
> Hen un her.
> För acht Gröschen, seggt he,
> Führst du hen, seggt he,
> Un torüh, seggt he,
> Is noch bi.
> De dor in sünd, seggt he,
> Dat sünd Apen, seggt he,
> Un de Kutscher, seggt he,
> Is besapen.

Die Unannehmlichkeit der Reise, die mit dem »Bummler« – einem primitiven Omnibus – bewerkstelligt werden mußte, hätte Ettenburg wohl nicht abgehalten, sich die Insel näher anzusehen und vielleicht eins der Rügenbäder als Wohnsitz zu erwählen. Doch die alte Meeresstadt hatte den Künstler ganz in ihren Bann geschlagen und bewog ihn, in ihrer Nähe in dem idyllischen Fährdorfe sich niederzulassen.

Mit dem Erbteil seines inzwischen verstorbenen Vaters er= warb er einen Platz am Eingange des Kurparkes und gründete auf dem damals kahlen Hügel ein internationales Pensionat »Villa Alexander«, das heutige Hotel Seeschloß.

Vorher hatte eine Brauerei das Gelände erwerben wollen, um hier eine Gastwirtschaft zu errichten. Doch die Kauf= verhandlungen waren gescheitert. Man glaubte, daß hieran der angeblich schlechte Baugrund Schuld trage. Es tauchten daher, als Ettenburg mit seinem Bau begann, solche Gerüchte auf, vielleicht waren sie auch von Konkurrenzseite aus in Umlauf gesetzt worden. Ettenburg sah sich daher genötigt, in der Stralsundischen Zeitung folgende Erklärung zu ver= öffentlichen:

> *Bekanntmachung:* Es ist mir zu Ohren gekommen, daß das Gerücht verbreitet wird, meine neuerbaute Villa

in Altefähre auf Rügen stehe auf unsicherem Baugrunde und drohe dem Einsturze. Ich warne hiermit sehr energisch, vor Weiterverbreitung dieser Verleumdung. Unbefugten ist der Zutritt zu meiner Besitzung verboten.

Alexander Ettenburg.

Weitere Widerwärtigkeiten erwuchsen ihm, als die vorgesetzte Behörde in der Kreisstadt Bergen Schwierigkeiten wegen der Schankkonzession machte. Tagtäglich suchte er den Amts= vorsteher von Altefähr auf, der ihn aber immer wieder, da noch kein Bescheid eingegangen war, vertrösten mußte. Die Villa war vollständig fertiggestellt und dem Erbauer lag viel daran, sein Unternehmen schnellstens in Betrieb zu nehmen. Ettenburg aber war nicht der Mann, den Widerstände ab= schreckten, sondern anstachelten, und so erklärte er dem Amtsvorsteher eines guten Tages: »Am ersten findet die Eröffnung statt, ob mit oder ohne Konzession!« Der Vor= steher meinte zwar, »dat kann woll nich angahn«, aber Ettenburg ließ sich nicht beirren und kündigte die Eröffnung seines Etablissements zum nächsten ersten an. Es kehrten dann auch die ersten Gäste aus Altefähr und Stralsund in Villa Alexander ein. Um der Behörde ein Schnippchen zu schlagen, schenkte er die Getränke ohne Bezahlung aus. Wie es sich denken läßt, wurde dies bald bekannt, und so strömten ihm nur die Dörfler und Städter zu. Der Amts= vorsteher und die Behörde hatten das Nachsehen. Ettenburg hatte zwar auch keinen Vorteil — der freie Ausschank kostete ihm viel Geld —, aber er hatte doch seinen Willen durchgesetzt.

In der damaligen Zeit war Altefähr noch nicht der beliebte Nachmittagsaufenthalt der Stralsunder, wie es später und auch noch heute der Fall ist. Man bevorzugte seinerzeit das südlich der Stadt liegende Devin, das nach allgemeiner Ansicht viel schöner sei und mit dem das alte Fährdorf garnicht konkurrieren könne! Jetzt aber hatten die Stral= sunder keinen Grund mehr, das Nachbardorf weiter so stief= mütterlich zu behandeln. In Scharen kamen sie zur Anlege= stelle der Flunder, um über den Sund zu fahren und bei dem großzügigen Wirt Freibier zu trinken.

Als er später auch die ihm bisher versagte Konzession er= hielt und er von seinen Gästen Bezahlung für die Getränke fordern konnte, wanderten zwar einige enttäuscht zumbenach= barten Kurhaus, die meisten aber blieben Ettenburg, der auch weiterhin oftmals seine Gäste freihielt, treu. Manche wissen zu erzählen, daß er oft nach einem guten Tage, an dem er viel umgesetzt hatte, das ganze Dorf bei sich zu Gaste lud. Wie später auf Hiddensee entfaltete er auch hier eine rege Fremdenpropaganda: er gab die ersten Badeprospekte über Altefähr heraus und wußte viele äuswärtige Sommergäste hierher zu ziehen. Darum hatte er auch seine Pensions= villa modern ausstatten und mit einer Badeeinrichtung, so= gar für Sohle, versehen lassen, um allen großstädtischen Ansprüchen zu genügen.

Ettenburg wollte aber seinem Hause nicht nur als Wirt vor= stehen, sondern suchte, sich auch künstlerisch zu betätigen. Schon gleich im Anfang hielt er in Stralsunder Vereinen Vor= träge, die ihn bald überall bekannt machten. Auch in seinem »schwedischen Pavillon«, der neben dem Pensionshause er= richtet war und die eigentliche Gartenrestaurationsstätte dar= stellte, veranstaltete er Vortrags= und Kabarettabende. Dann rezitierte er oft aus eigenen Werken oder brachte mit Hilfe auswärtiger Künstler, die bei ihm als Badegäste weilten, aller= hand Kurzweil. Dies war natürlich für Altefähr und Stralsund etwas ganz Neues und bot vielen einen weiteren Anreiz, bei ihm einzukehren. Damit aber auch die Kinder seiner Gäste nicht zu kurz kamen, hatte er sich einen Esel angeschafft, auf dem sie im Kurpark spazieren reiten konnten.

Es ist nicht zu viel gesagt, wenn man die Zeit, in der Ettenburg in seiner Villa Alexander wirkte, als den Glanz= punkt Altefährs bezeichnet. Vielleicht wird diese Ansicht, die noch heute von vielen Einwohnern Altefährs vertreten wird, von dem einen oder anderen bezweifelt, drum gebe ich einen in der Stralsundischen Zeitung erschienenen Vereinsbericht vom Februar des Jahres 1888 wieder:

> Altefähr. Es scheint, als wollte die Geselligkeit in unserem Orte einen recht erfreulichen Aufschwung nehmen. Zum zweiten Male in diesem Jahre hatte sich der hiesige Bürgerverein mit seinen Damen am letzten Sonntag in seinem Stammlokal versammelt. Auf dem Programm standen wie das erste Mal musi= kalische und deklamatorische Vorträge. *Durch ganz besonderen Beifall ausgezeichnet wurde ein von Herrn Villenbesitzer und Rezitator Alexander Ettenburg ver= faßtes und vorgetragenes Kuplet: »Das Eis von Anno 88«.* Das Lied mußte dacapo gesungen werden. Da durch den Beitritt einiger neuer Mitglieder dem Verein ein nicht zu unterschätzender Zuwachs an musikalischen

Kräften wird, so steht in Bälde zu erwarten, daß sich ein musikalisches Kränzchen bilden dürfte . . . . Das Zustandekommen genannter musikalischer Kränzchen wäre für unseren *aufstrebenden Badeort* ein doppelter Gewinn. Es könnten dann im Laufe der Saison wiederholentlich kleine musikalisch = deklamatorische Soiréen im Kurhause veranstaltet werden, die durch mäßiges Eintrittsgeld erzielte Einnahme fände zur Verschönerung unseres Ortes verwendet, eine gute Anlage. Unseren Sommergästen aber dürften diese kleinen Abwechslungen sicher eine angenehme Zer= streuung gewähren . . . . So sind für die nächste Saison, außer der beliebten Wasserkorsofahrt auch noch einige andere Vergnügungen im Interesse der Sommergäste geplant. In *Herrn A. Ettenburg* finden alle diese neuen Unternehmungen einen *energischen Förderer und erfahrenen Arrangeur.* Es ist daher zu wünschen, daß derselbe bei den Einwohnern Altefährs die nötige Unterstützung fände, *da die erzielten Vor= theile dem ganzen Orte zu statten kommen.*

Wie Ettenburg die Wasserkorsofahrten, die an windstillen Abenden in lampiongeschmückten Booten vor sich gingen, eingeführt hatte, gingen auch die meisten Anregungen zu irgendwelchen Vergnügungen von ihm aus. Und so kam Leben in das kleine stille Fährdorf, seitdem er es betreten hatte, denn er verstand es, Langeweile zu vertreiben und jede Veranstaltung interessant aufzuziehen. Es kehrten daher oft manche Gäste, die an seiner Tafelrunde pokuliert hatten, erst gegen den frühen Morgen heim. Wenn aber der eine oder andere Stralsunder zu lange bei ihm verweilt und dadurch den letzten Dampfer versäumt hatte, ruderte sein Wirt ihn eigenhändig über den Sund zur Stadt zurück. Bei der Führung seines Gastbetriebes unterstützte ihn eine nahe Verwandte Louise Treichel, die ihm auch ihr Vermögen für den Hotelbau zur Verfügung gestellt hatte. Diese hütete auch sein Haus während der Winterszeit, in der er oftmals auf Vortragsreisen war. Die Wirtschaft lag in Händen seiner »Gustel«, der späteren Frau Gustel Kollwitz in Grieben auf Hiddensee.

In Altefähr lernte er auch die Malerin Marie Magdalinski kennen, mit der er sich im Herbst des Jahres 1888 vermählte. Die Ehe war auf Helgoland, das damals noch englischer Besitz war, geschlossen worden, doch gestaltete sich das

Zusammenleben recht wenig harmonisch, da seine Frau sich mit einem Komponisten anfreundete und mit diesem auf Reisen ging. Diese »Künstlerehe«, wie Ettenburg sie nannte, dauerte daher nur zwei Jahre, dann ging sie in die Brüche und wurde gerichtlich geschieden.

Da Alexander nicht recht haushalten konnte, denn oftmals gab er abends im Kreise froher Gäste selbst mehr aus, als er am Tage eingenommen hatte, sah er sich im Jahre 1894 genötigt, sein Hotel zu verpachten. Er ging nun auf Vortrags= reisen, die ihn durch ganz Deutschland, aber auch nach Schweden, Finnland und sogar nach Rußland führten und ihm – die damalige Zeit war für Rezitationen noch günstiger als heute – auch gute Erfolge einbrachten.

Im Januar 1895 starb seine treue Louise. Ettenburg, ein überzeugter Anhänger der Theosophie, legte am Begräbnis= tage einen langen weißen Talar an und hielt auf dem Dorffriedhofe in Altefähr, der erst neu angelegt war und in dessen Erde Louise als erste Tote gebettet wurde, selbst die Grabrede. Dies war in damaliger Zeit etwas ganz Ungewöhnliches. Ich habe auch nicht erfahren können, wie sich der Ortspfarrer zu diesem Eingriff in sein Recht gestellt hat: ob er Ettenburg zur Verantwortung zog oder des lieben Friedens willen nichts gegen ihn unternahm.

Seine Pächter mochten wohl vom Geschäft auch nicht viel verstehen, denn er sah sich noch in demselben Jahre genötigt, die Bewirtschaftung wieder selbst zu übernehmen. Doch nun zeigte es sich, welche Lücke Louisens Heimgang in sein Leben gerissen hatte; denn nun war niemand da, der selbstlos Ettenburgs Interessen vertrat. Fast alle Angestellten nutzten wie schon vorher die überaus große Vertrauensseligkeit ihres Chefs aus und waren nur darauf bedacht, in die eigenen Taschen zu wirtschaften. Ettenburg konnte daher sein Unternehmen nicht mehr länger halten und mußte es noch in demselben Jahre sehr ungünstig verkaufen. Er büßte hierbei fast sein ganzes Vermögen – über 30 000 Mark – ein. Als wohlhabender Mann hatte er seinen Einzug in Altefähr gehalten, arm mußte er es wieder verlassen.

Man sah ihn von Altefähr nur ungern scheiden. Zwar waren über ihn gewisse Gerüchte im Umlauf, die ihn und sein Unternehmen in den Augen Fernerstehender herabsetzen mußten: »dat sall in sin Hus späuken« und anderes Gerede war im Laufe der Zeit aufgekommen, doch bewahrte man ihm, dies sei hier zur Ehre der Einwohner von Altefähr ausdrücklich hervorgehoben, ein treues Gedenken und erkannte seine Verdienste um ihr Heimatdorf uneingeschränkt an. So mancher, der Ettenburg von seinem dortigen Aufenthalt her kannte, versicherte mir: »He was doch n' gooden Kierl und hätt ook Ollfähr hoch bröcht!«

Auch viele alte Stralsunder geben ohne weiteres zu, daß erst Ettenburg ihnen den Weg über den Sund gewiesen habe, um in Altefähr Erholung zu suchen und sich an dem wunderbaren Bild ihrer Heimatstadt zu erfreuen.

II.

Draußen im Westen der Küste von Rügen,
Dorten, wo golden der Sonnenball sinkt,
Wenn er, der im Osten den Wellen entstiegen,
Den Abendhimmel mit Purpur durchdringt.
Entsteiget ein Eiland dem blauen Meere!
Langhingestreckt – sandig – von Rasen umhüllt,
Durchzogen von erikareichen Dünen –
Erhabener Einsamkeit treffliches Bild!!

(Aus: »Die Hallige der Ostsee«. Eine Sturmflutmahnung.)

Was sollte Ettenburg nun beginnen? Einige Jahre vorher
hatte ihn der Weg von Altefähr gen Norden nach Hiddensee
geführt. Am 31. August des Jahres 1888 war er zum ersten
Mal auf der Insel gewesen. Er war damals in Kloster bei
Schlieker abgestiegen und hatte sich als »Lex aus Altefähr«
ins Fremdenbuch eingetragen.

Zu der Zeit war Hiddensee so gut wie unbekannt. Um
die Jahrhundertwende und etwas später hatten es die Heimat=
dichter Kosegarten, Furchau, Lappe besungen, dann aber
war es ebenso wie diese wieder in Vergessenheit geraten.
Seine traulichen, einfachen Fischerdörfer, mit den niedrigen
weißen Häuschen lagen abseits des üblichen Reiseverkehrs.
Während nach der Hauptinsel Rügen jedes Jahr schon eine
stattliche Zahl Sommergäste kamen, verirrte sich nach diesem
kleinen Eilande nur selten ein Fremder. In den Reiseführern
wurde es kaum erwähnt oder mit ein paar Worten abgetan,
wie »es biete Interesse genug, um einen Ausflug dahin
lohnend zu machen«.

Schon beim ersten Betreten der Insel war Ettenburg von der
eigenartigen Insellandschaft begeistert gewesen. Auf dem
Lande aufgewachsen, hatte er sich, auch als seine Kunst ihm
das Stadtleben aufzwang, ein tiefes Empfinden für die Natur
bewahrt und hatte stets befreit aufgeatmet, wenn er zu ihr
wieder zurückkehren konnte. Wie mußte daher Hiddensees
Weltabgeschiedenheit auf ihn einwirken! War die Zeit hier

nicht stehen geblieben, waren nicht Jahrhunderte vergangen, ohne auf diesem Eiland irgend eine Spur zu hinterlassen? Unberührt von modernen Kultureinflüssen verbrachten seine Bewohner ihre Tage und hielten an alten überlieferten Gebräuchen fest. Wie die Vorväter verwandten die Fischerfamilien noch seltsame Hausmarken, die auch ebensogut Runenzeichen der alten Wikinger sein konnten.

Jetzt, da ihm Altefähr, das er auch nach Verpachtung seiner Villa im Sommer stets aufgesucht hatte, verleidet war, zog es ihn nach diesem stillen unbekannten Eilande. Mit einer Anzahlung von nur hundert Mark, dem Schriftstellerhonorar für sein dramatisches Gedicht »Wunna, die Jungfrau von Rügen«, kaufte er in dem idyllisch liegenden Grieben ein halbverfallenes Fischerhäuschen und richtete hier eine »schwedische Bauernschenke« ein, die er mit schönen Gemälden seiner ersten Frau ausstattete. Während er hier im Sommer wieder Gastwirt war, verpflichtete er sich im Winter für die Bühne oder reiste als Vortragsredner. Überall aber, wo er hinkam, machte er sein »sötes Länneken« bekannt. Er pries es als »das Helgoland der Ostsee« oder nannte es auch »das Ostseebad der Zukunft«. Bei seinen »Hiddenseer Originalvorträgen« führte er sich mit den Versen ein:

Kennt ihr das Ländchen, lieblich und traut,
Von schäumenden Wogen der Ostsee umblaut?
Im Westen von Rügen türmt es sich auf,
Ein Bollwerk der Insel, zieht Sturmflut herauf!
Grün seine Wiesen, duftig sein Wald,
Lieblich darüber Lerchensang schallt.
Dort wohn' ich einsam auf waldiger Höh'
Als der »Einsiedler von Hiddensee«.
O Hiddensee, du min »sötes Land«,
Wie bist du leider noch unbekannt!

Dann folgten Schilderungen über Hiddensees Schönheit und Sagen aus der alten Wendenzeit, die Ettenburg bei den Inselbewohnern erlauscht hatte. Seine Begeisterung übertrug er auf die Zuhörer, die oft bei seinen Worten von Sehnsucht nach diesem wunderbaren unbekannten Eilande ergriffen wurden und es als ihren nächsten Sommer-Aufenthalt wählten.

Die Bewohner selbst freilich verstanden und konnten ihn nicht verstehen. Ja, auch sie liebten ihr Hiddensee über alles; für sie gab es kein Fleckchen Erde, das ihren Heimatboden an Schönheit übertraf. Aber als einen Badeort konnten

sie es sich nicht vorstellen. Wo standen hier den Erholung-
suchenden gute Hotels und Villen wie in den Rügenbädern
zur Verfügung? Und ohne Komfort und Luxus konnten doch
die Großstädter nach Meinung der einfachen Hiddenseer
Fischer nicht auskommen!

Ettenburg kehrte sich nicht daran; mochten sie auch über
ihn lächeln, er rührte eifrig die Werbetrommel, ließ den ersten
Hiddenseer Reiseführer drucken und sandte selbstheraus-
gegebene Prospekte an alle ihm bekannten Künstler, Maler,
Schriftsteller und Schauspieler. Und bald zog ein lustiges
Völkchen nach der Insel. Diesen Künstlern lag nichts an
der sogenannten modernen Aufmachung, an Luxus und
Bequemlichkeit, zunächst war es ihnen um einen billigen
Sommeraufenthalt zu tun. Und diesen fanden sie in den
preiswerten, wenn auch zuerst sehr primitiven Gasthöfen
und in den Fischerhäusern. Mit Künstleraugen aber gewahrten
sie, das ihnen Hiddensee mehr bieten konnte, als mancher
andere bekannte Badeort. Der Maler fand die reizvollsten
Motive, der Dichter entdeckte die wunderbarsten Stimmungen,
die mit Wind und Wetter wechselten und Einförmigkeit
nicht aufkommen ließen. Wer für Naturschönheit nicht ganz
unempfänglich ist, muß hier empfinden, was Ettenburg mit
den Worten sagte:

> Weilst du allein im Bergwald und am Strand,
> Dann faltet zum Gebet sich deine Hand:
> Nicht Worte, Fühlen und Gedanken ringen
> Aus deiner Brust sich, himmelwärts zu dringen!
> Und du bist gut, weißt tief dich »Gott verwandt«!
> Das wirkt der »Zauber« hier auf meinem Land:
> Ein jedes Menschenkind wird ihn empfinden,
> Doch – keines seine Wesenheit ergründen!

So mancher Künstler erhielt hier Anregungen, die ihn in
seinem Schaffen anspornten und höheren Zielen zuführten!
Gerhart Hauptmann vollendete hier im Hotel zur Ostsee
in Vitte sein schönstes Werk »Die versunkene Glocke« und
wählte Hiddensee als Schauplatz seines Dramas »Gabriel
Schillings Flucht«; zwar hat der Dichter den Inselnamen in
»Fischmeisters Oye« umgewandelt, im übrigen aber die
Hiddenseer Landschaft genau beschrieben. Auch die han-
delnden Personen erwähnen fortwährend Namen wie Kloster,
Vitte, Fährinsel, Breege, Stralsund, Dampfer Caprivi. Auch
der Titel seines Spiels »Schluck und Jau« ist von den auf
Hiddensee eingebürgerten und dort immer wieder anzu-

treffenden Familiennamen Schluck und Gau hergeleitet. Seinem großen Landsmann, der schon seit 1885 ein ständiger Besucher der Insel war, widmete Ettenburg die Verse:

O Hiddenseer Einsamkeit,
Mit Waldesduft gepaart,
Du bist der Insel schönstes Kleid,
Bist von ganz eig'ner Art!

Und bist ein Künstler, Dichter du:
Kehr ein auf Hiddensee!
Wie Gerhart Hauptmann find'st hier Ruh',
Im Wald auf Bergeshöh'!

Hier rauscht die Tanne dir ihr Lied,
Die Woge unten weich,
Und über dir die Lerche zieht
Durch's blaue Himmelreich!

Weitere bedeutende Künstler fanden sich auf Hiddensee ein und waren im Sommer oft hier anzutreffen: Max Reinhardt, Ernst von Wolzogen, Thomas Mann. Wer kann sie alle nennen? Natürlich ist es nicht allein Ettenburgs Verdienst, daß die liebliche Ostseeinsel dem Fremdenverkehr erschlossen wurde und hier so viele Großstädter Erholung suchten und fanden, aber unbestreitbar hat er den größten Teil dazu beigetragen.

Die ersten Besucher entstammten vornehmlich Künstler= kreisen; darin ist auch später kein großer Wandel eingetreten und wohl kein anderer deutscher Badeort kann im Sommer eine größere Schar Schriftsteller, Maler, Schauspieler und Filmdarsteller als Hiddensee aufweisen. Die Eigenart der Landschaft hatte es ihnen angetan, und wie begrüßten sie die große Ungezwungenheit, der sie sich hingeben konnten. War man auf Hiddensee doch gänzlich ungeniert: an dem langgestreckten Strande, in dem Bergwald traf man oft keinen Menschen an. Badeanstalten fehlten gänzlich, lockte die See zu einem kühlen Bade, so warf man die Kleidung ab und stürzte sich in die Fluten. — Bald bekam Hiddensee sogar einen gewissen Namen als »Liebesinsel«, die mit Vorliebe von unvermählten Pärchen aufgesucht wurde.

III.

»Hiddensee«, vom blauen Meer umflossen,
Welcher Zauber liegt doch ausgegossen,
Über deinen Bergen, Tälern, Schluchten,
Deinen Dörfern, Wiesen, schilf'gen Buchten!
Immer wieder komm' vom fernen Land
Sehnsuchtsvoll ich her an deinen Strand:
Schöpfe stets, wonach ich ausgezogen,
Seelenfrieden aus den blauen Wogen!!

Das unbegrenzte weite Meer, das wechselvolle Spiel der
Wogen übt auf manchen Binnenländer einen starken Reiz
aus. So erging es auch Ettenburg. Von der Griebener Bucht
zog es ihn nach der Anhöhe des Dornbusches, um der
offenen See möglichst nahe zu sein. Drum ließ er hier ein
kleines, mit einer Vorhalle versehenes Bretterhäuschen auf=
führen. Dies war seine »Bergwaldschänke *Eremitage* auf
Tannhausen«. Dahinter befand sich sein eigentliches »Tus=
kulum«, sein Poetenstübchen mit Bibliothek und Andenken
aus seiner Künstlerlaufbahn. Unter den hohen Kiefern luden
einfache Tische und Stühle zum Verweilen ein. Seitwärts
standen aus dünnen Brettern und Schilfrohr erbaute Wohn=
lauben, die seinen Pensionären als Unterkunftsstätte dienten.
Hieran schloß sich ein Luft= und Sonnenbad mit Turngerät
und Brauseeinrichtung an. Das Ganze war seine »Bergwald=
Kolonie«, die auf naturgemäßer Lebensweise aufgebaut war.
In einer etwas abseits liegenden Hütte, deren Schilfwände
mit Tuch verkleidet waren, befand sich sein »Mausoleum«,
das einen Zinksarg mit vollständiger Verbrennungsausstattung,
Aschenurne und sogar seinen Leichenstein enthielt. Später
ließ er noch einen Tanz= und Vortragssaal errichten, den er,
da es ihm wie immer an Geldmitteln fehlte, ebenfalls nur aus
dünnen Brettern und Schilfrohr aufführen ließ, darüber ein
geniales Pappdach ohne Bretterunterlage. Für gewisse Ört=
lichkeiten waren Wegweiser und Inschriften »Onkel Meyer«
und »Tante Meyer« angebracht.

Hier auf Tannhausen ging er fast immer in seiner Einsiedlertracht umher: barfüßig in einem langen weißen Gewande mit einem weitherabfallenden schwarzen Rundkragen, auf dem Kopfe eine schwarze Kappe, eine Art Baskenmütze. Zuweilen trug er auch sein dunkles »Waldgewand«, das an eine Mönchskutte erinnerte.

In der Nähe weitet sich an der offenen See die romantische Swantewitschlucht, unbestreitbar die schönste Stelle der Insel. Welch ein Blick von der hohen steilen Berghöhe auf die tief unten ans Ufer flutenden Wogen, auf die zerklüfteten Abhänge: hier dichtes Tannenholz, dort kahle Sandböschungen, darüber der Westwind fegt! Weithin das unendliche Meer! Und von fern schimmert Moen's Klint mit seinen Kreidefelsen herüber. Ein Bild ergreifender packender Naturschönheit, wie es so leicht nicht wieder anzutreffen ist. Hier haben Amerikaner gestanden und begeistert erklärt, dies sei doch das Schönste, was sie in ganz Europa gesehen hätten!

In der Swantewitschlucht, etwas unterhalb des Bergsaumes errichtete Ettenburg ein Naturtheater und führte mit Hilfe einiger Künstler seine selbstverfaßten Dramen »Swantewits Fall«, »Hidde, die Fee des söten Lännekens« oder auch Szenen aus der »Iphigenie« und Grillparzers »Sappho« auf. Als Statisten wirkten einige Hiddenseer Fischer schlecht und recht mit. Ettenburg war hierbei Dichter, Regisseur, Schauspieler, Kostümschneider, ja sogar Theaterfriseur, alles in einer Person!

Es ist wohl verständlich, daß sein Beruf als Gastwirt unter dieser Vielseitigkeit leiden mußte. An den Tagen, an denen auf der Naturbühne gespielt wurde, war er für die Gäste seiner Bergwaldschänke unsichtbar, da er die Vorbereitungen für die Aufführung treffen mußte. Für die Bewirtung der Gäste hatte er ja seine Bedienten, denen er unbedingtes Vertrauen schenkte, waren sie doch seine »Mitarbeiter«. Sie arbeiteten zwar auch mit, aber oft genug auch zu Ettenburgs Schaden nur in ihre eigenen Taschen. Machte man ihn darauf aufmerksam, so erklärte er gelassen: »Die Hiddenseer sind alle ehrlich!« Auch in anderer Hinsicht waren in der Waldschänke einige sichtbare Mängel: die Sauberkeit ließ viel zu wünschen übrig. Die Gäste erhielten oft schlecht gespülte Tassen und Gläser, und ein Witzbold meinte, bei Ettenburg könne man nur gekochte Eier verzehren, da man ja die Schalen nicht mitäße.

Trotzdem fand Ettenburg guten Zuspruch, und er hätte seines Lebens froh werden können, wenn man ihn unbehelligt gelassen hätte. Zuerst kam er mit dem Hiddenseer Amts=vorsteher in Konflikt, der gegen ihn Strafmandate und Anzeigen erließ. Der Einsiedler wehrte sich seiner Haut, legte Berufung ein und beschwerte sich schließlich an höherer Stelle, bis nach mehrjährigem Kampf der Inselgewaltige weichen mußte. Aber auch vielen anderen mußte der Ein=siedler, der Theaterstücke aufführte und sich und seine Berg=klause mit bombastischer Reklame anpries, sonderbar er=scheinen. Manche feinfühlenden Besucher des Berglandes hielten mit ihrem Urteil nicht zurück, und einige Schriftsteller, die erst seine Propaganda nach Hiddensee geführt hatte, übten an ihm und seinem Eremitentum herbe und teilweise vernichtende Kritik. Man nannte ihn ein »Original vom Ostseestrand«, den »heimlichen Dorfschulzen von Hiddensee«, einen »verschmitzten Klosterbruder« usw. In dem Roman »Einsamkeiten«, der größtenteils auf Hiddensee spielt, kommt er sehr schlecht weg. Die Verfasserin Clara von Sydow bezeichnet sein Waldpensionat als ein »phantastisches Eta=blissement«, das ein »gewisser Berliner« — man wuße nicht recht, ob »Schwärmer oder Industrieritter« errichtet habe. Ettenburg war wohl alles andere, als gerade Industrieritter! Die junge Heldin des Romans verdammt sein Naturtheater in Grund und Boden:

> In ihm wurde Theater gespielt und Poesie vorgetragen, die einen »Kulturersatz« bieten sollte. Kurz, das Ganze erschien als ein *sonderbarer Mischmasch mit überreichem Programm* ...... Das Ganze ist eine große *Abscheu=lichkeit.* Als wenn man auf ein schönes einfaches Fest=kleid plötzlich einen *bunten Harlekinlappen* nähte! Uns unsere Einsamkeit so zu *schimpfieren!* ...... Es war ein ganz furchtbares *Durcheinander von griechischer und nordischer Mythologie — modernem Übermenschen=tum und Monismus.*

Es wird dann in dem Buch weiter empfohlen, um den »Spek=takelwald« mit seinem »Oberpriester mit dem Klingklang=pathos« einen großen Bogen zu machen. Wahrlich, eine vernichtende Kritik! Es ist jedoch zu bedenken, mit welchen Schwierigkeiten Ettenburg, dem nicht die geringsten Geld=mittel zur Verfügung standen, zu kämpfen hatte.
Wenn zu Frühjahrsanfang der Fremdenstrom nach der Insel noch nicht eingesetzt oder er im Herbst sich wieder verebbt

hatte, gab es sicherlich viele Stunden und Tage, an denen über Tannhausen majestätische Ruhe lag. Dann guckte wohl nur ein guter Freund in das kleine Poetenstübchen, um mit dem Einsiedler, der gerne philosophierte und über nicht all= tägliche Dinge sprach, sich anregend zu unterhalten. So mancher berühmte Mann hat im Laufe der Jahre die Berg= waldschänke aufgesucht und sich in Ettenburgs Fremdenbuch eingetragen. Dies wäre wohl nicht der Fall gewesen, wenn er tatsächlich so wenig ernst zu nehmen war, wie ihn Clara von Sydow in ihrem Roman hingestellt hat. Wenn sie seine Wohnlauben als »Zigeunerzelte« und »Jahrmarktsbuden« bezeichnet, so bekennt sie damit nur, daß sie noch von alten Vorurteilen umfangen ist, während Ettenburg schon seiner Zeit weit vorausgeeilt war und in seiner Bergwaldkolonie etwas geschaffen hatte, was uns heute garnicht so fremd anmutet und fast das Gleiche darstellte, wie das heutige Wochenend= und Zeltleben unserer Wandervögel und Fuß= touristen. Er predigte die Rückkehr zur Natur in einer Zeit, als man daran in Deutschland noch garnicht dachte; so setzte er sich auch für die Pflanzenkost ein, die in seiner Bergwaldschänke auf Wunsch verabfolgt wurde. Es gab andererseits auch einige, die ihn richtig einschätzten und Worte der Anerkennung fanden, wenn sie über Ettenburg berichteten. Es seien hier nur Arved Jürgensohn und Weck= mann=Wittenburg angeführt. Andere Scribenten dagegen, die im Sommer auf Hiddensee geweilt hatten, glaubten nach ihrer Rückkehr in die Großstadt nichts Besseres tun zu können, als ihn in den Zeitungen herunterzureißen, und sandten oft dem Einsiedler die betreffende Nummer mit dem bewußten Artikel, den sie mit Blau= oder Rotstift markiert hatten, zu.

Ettenburg ließ sich dadurch nicht abschrecken und fuhr fort, sein Eiland bekannt und berühmt zu machen. Wenn wir heute die große Schar der Hiddenseer Badegäste, die fast jedes Jahr wiederkehren und immer neue Inselfreunde her= anziehen, sehen, so kann man sich nur schwer in jene Zeit vor ungefähr dreißig Jahren zurückversetzen, als Hiddensee noch so gut wie unbekannt war. Konnten doch selbst die meisten der damaligen Stralsunder diesem Fleckchen Erde, das dazu noch Besitztum ihrer Heimatstadt war, nichts ab= gewinnen. Man muß aber bedenken, wie sie es kennen= lernten und wie ein damaliger Ausflug vonstatten ging. Wenn der kleine Dampfer »Caprivi«, der gegen Mittag den

Stralsunder Hafen verließ, nach zweistündiger Fahrt in Kloster angelegt hatte, ging es schnell von Bord. Dann durch sonnendurchglühten Sand auf direktem Wege, den kein schattenspendender Baum ziert, zur Berghöhe und in Tann= hausen eingekehrt, wo schnell Getränke – die Bedienung ging mit Hiddenseer Langsamkeit vor sich – bestellt wurden. Inzwischen warf man einen Blick in des Einsiedlers Raritäten= kabinett mit seinem Sarg, in dem er angeblich schlafen sollte. Schnell noch für einen Augenblick zur Swantewitschlucht, ob Moen zu sehen sei. Dann wieder etwas beschleunigt zum Dampfer, um nicht die Abfahrt zu versäumen. Bei einem solchen halbtägigen Ausfluge konnten die Stralsunder in der kurzen Zeit ihres Aufenthalts — es standen ihnen nur ungefähr drei bis vier Stunden zur Verfügung – Hidden= see nicht eingehend in Augenschein nehmen und seine Natur= schönheiten in Ruhe auf sich wirken lassen.

Im übrigen vertraten damals die meisten Stralsunder fast dieselbe Ansicht, wie im Anfang die Hiddenseer und ließen nur Binz, Sellin, Göhren u. s. w. wo man Hotels, Villen, Strandpromenaden, Kurkonzerte und vor allen Dingen auch »Vergnügungsstätten« – das war doch die Hauptsache – vorfand, als Badeorte gelten. Hiddensee, das mit diesen Segnungen der Kultur nicht aufwarten konnte, kam daher nach ihrer Meinung für einen längeren Erholungs = Auf= enthalt nicht in Frage. Statt vorwärts blickte man in der guten alten Hansestadt gewöhnlich rückwärts und sonnte sich an den großen Heldentaten der Vorväter. Das Eigen= artige aber war dabei, daß die guten Leutchen nicht gewahr wurden, welch kostbares Gut an alten Bauten, aufstrebenden Giebeln, trutzigen Toren ihre von Efeu umsponnenen Mauern bargen. Statt modernem Denken Raum zu geben, wollte man das alte Stadtbild ummodeln: das »unschöne» Knie= pertor und die »häßlichen« kleinen Häuser vor der Nikolai= kirche sollten abgerissen, der Frankenteich zugeschüttet werden, um hier auf dem dann gewonnenen Gelände nutzbringende *Weidenkulturen zu züchten!* Alles Pläne, deren Ausführung Stralsunds Schönheit nicht gehoben, sondern sehr beein= trächtigt hätten. Doch das Veto der Regierung bewahrte die Stadt vor der barbarischen Zerstörung ihrer Eigenart und rettete ihren mittelalterlichen Städtecharakter in die Gegenwart hinüber.

Hiddensee hatte in Ettenburg seinen Entdecker gefunden. Die Stadt am Sund träumte weiter dahin, sodaß der schon eingangs erwähnte Otto von Boenigk noch im Jahre 1914 in seinem »Urbild von Goethes Gretchen« mit Recht schreiben konnte:

> Viele, wohl die meisten der Reisenden jagen in ihrem Eisenbahn = Abteil vorüber an diesem *Dornröschen* unseres Vaterlandes, das der stolze Ritter »moderner Verkehr« noch nicht zu erwecken, noch nicht zu »ent= decken« für gut befunden hat, das aber im *Baedecker mit vielen Sternen gekennzeichnet werden sollte.*

Was hätten wohl die damaligen Stralsunder gesagt, wenn Ettenburg auch das Wagnis unternommen hätte, ihre Stadt dem langen Dornröschenschlaf zu entreißen und sie in aller Welt »*als schönste Stadt im deutschen Norden*« zu preisen und berühmt zu machen?

Wäre ihm dann ein anderes Los beschieden gewesen, als auf Hiddensee?

IV.

Welch seltsam Tönen dringt zu meinem Ohr,
Und scheucht den Schlummer mir von meinen Augen?
Mir war's, als klopft' es an mein Tempeltor!
Kommt man vielleicht, mein letztes mir zu rauben?
Doch nein! Dies ist mein stilles Hiddensee!
Den Wald, die Ostseewogen hör ich rauschen,
Das traute Lied, dem ich von meiner Höh'
Vergaß, viel hundert Jahre lang zu lauschen!

(Aus: »Hidde, die Fee des söten Lännekens«.)

Noch ein zweites Mal ging Ettenburg eine Ehe ein, doch
auch diese wurde nach fünf Jahren wieder gesetzlich gelöst.
Bei seinem oft aufbrausenden Temperament mußte es wohl
schwer sein, auf die Dauer mit ihm auszukommen. Seine
zweite Frau war Schauspielerin und hatte in seinem
Hiddenseer Volksspiel »Swantewits Fall«, die »Helga« und
in dem Märchenspiel »Hidde» die Fee verkörpert. Ettenburg
hätte wohl besser daran getan, an Stelle einer Künst=
lerin eine mehr praktisch veranlagte Frau heimzuführen,
die auch imstande gewesen wäre, sich wirtschaftlich zu
betätigen und seinen Haushalt in Ordnung zu halten.
Aber wohl höher als das Gedeihen seines Gastbetriebes
hielt er sein Spiel in der Swantewitschlucht. Oft fehlte es
auch hier nicht an amüsanten Episoden. Eines Vormittags
hatte man in der Bergschänke einen Kücheneimer vergeblich
gesucht. Am Nachmittag wurden auf der Naturbühne Scenen
aus der »Iphigenie« aufgeführt. Ettenburg, im altgriechischen
Gewande, stellte den Orest dar und sprach mit hocherhobener
Hand feierlich die Goetheschen Verse:

Noch einen! reiche mir aus Lethes Fluten
Den letzten kühlen Becher der Erquickung!

Da wollte es der Zufall, daß er hinter dem kleinen Säulen=
tempelchen, das die Naturbühne zierte, den vermißten
Küchengegenstand erblickte, und ohne seine Stimme zu
mäßigen, deklamierte er mit Pathos weiter:

Da ist der Eimer. Nimm ihn fort!

und reichte ihn seiner hinzueilenden Frau zum größten Ergötzen der Zuschauer.

Auch sonst berührten sich Tragik und Komik oft in Ettenburgs Leben. Als auch seine zweite Frau ihn verlassen hatte, wandte er seine ganze Zuneigung seinem Esel »Hansi« und einem großen grauen Kater »Pussi« zu. Beide folgten ihm oft auf Schritt und Tritt. Einmal nahm er den Kater auch mit nach Stralsund. Hier logierte er stets bei einem alten Freunde aus Altefähr, der später ein Gasthaus in der Tribseerstraße übernommen hatte. Auch diesmal war er hier eingekehrt. Da er Verschiedenes in der Stadt zu erledigen hatte, seinen Kater aber nicht gut mitnehmen konnte, sperrte er ihn in sein Zimmer ein und trug seinen Wirtsleuten strengstens auf, die Stubentür nicht zu öffnen, sonst würde Pussi hinter ihm herlaufen. Die Wirtsleute versprachen es hoch und heilig; aber die Wirtin mochte wohl neugierig sein, was der Kater ohne seinen Herrn beginne, und guckte ins Zimmer. Pussi lag zusammengerollt auf dem Bett. Voller Zorn fuhr die Frau mit einem Besenstiel auf das Tier los, das erschreckt davonsprang. Als Ettenburg abends in den Gasthof zurückkam und nach seinem Pussi fragte, mußte der Wirt ihm kleinlaut gestehen, der Kater sei verschwunden. Aufgeregt lief Ettenburg im ganzen Hause umher, laut nach seinem lieben Pussi rufend. Da man ihn nirgends aufstöbern konnte, ließ sich Ettenburg eine Leiter geben und kletterte sogar auf das Dach, da er das Tier hier vermutete. Mit einem Mal brach die Leiter und Ettenburg fiel herunter, ohne allerdings Schaden zu erleiden. Doch der Kater blieb verschwunden, und Ettenburg mußte ohne seinen lieben Genossen die Rückfahrt nach Hiddensee antreten. — Einige Tage später klagte ein Logiergast in demselben Gasthaus dem Wirt, daß er nachts durch eigenartige Geräusche gestört worden sei. Man untersuchte das ganze Zimmer und fand schließlich in der Matratze den verschwundenen Kater. Als er sich entdeckt sah, zog er sich unter Fauchen und Kratzen in die äußerste Ecke zurück. Erst als der Wirt seine beiden Hände mit Tüchern umwickelt hatte, konnte er das Tier hervorzerren und in einen Korb setzen. Dann benachrichtigte er den Einsiedler und fuhr selbst nach Hiddensee, um den Kater persönlich abzuliefern. Als der Dampfer in Kloster einlief, stand Ettenburg mit seinem Grautier schon am Bollwerk. Da sah er seinen Stralsunder Freund auf dem Vorderdeck stehen und rief ihm zu: »Hast du Pussi?« Als Antwort hob jener den Korb in die Höhe. Ettenburg konnte vor Aufregung garnicht das Anlegen des Dampfers abwarten und, als dieser ziemlich nahe dem Bollwerk war, wollte er hinübersetzen, sprang aber zu kurz und fiel ins Wasser. Das Schiff kam der Brücke immer näher, und Ettenburg geriet sogar in Gefahr, vom Dampfer erdrückt zu werden. Unter großer Mühe gelang es schließlich der Schiffsmannschaft und einigen Bade= gästen, die am Brückenkopf standen, Ettenburg dem feuchten Element zu entreißen und dem »söten Länneken« seinen Einsiedler zurückzugeben. Dann nahm er, naß wie er war, den Korb in Empfang, öffnete ihn, und Pussi sprang auf seine Schulter. So war das alte Kleeblatt: Ettenburg, der Einsiedler, Hansi, der Esel und Pussi, der Kater wieder beisammen.

V.

Ich bin zu Ende; die Träne mir quillt,
Erschau ich im Geiste, was sich hier erfüllt!
Denn geht es so weiter mit Hiddensees Strand,
Dann war einst, o Kaiser, dies herrliche Land!
Und Tausende kommen und wandern schon her,
Zu leichtern die Seele vom Leben oft schwer!
Ist doch die »Perle am Westenstrand«
Von Rügen — der Ostsee Helgoland:
Drum fleht jetzt sein Siedler zur Throneshöh':
Komm', Herzog von Pommern, schütz' Hiddensee!

Das Hiddenseer Hochland ist dauernd den Weststürmen
und der Meeresbrandung ausgesetzt und alljährlich, beson=
ders im Herbst, bröckeln von der Steilküste des Dornbusches
große Teile Land ab und stürzen ins Meer. Ettenburg hatte
sich daher in poetischer Form an seinen Landesherrn, den
Kaiser, gewandt, damit irgendwelche Schutzmaßnahmen er=
ergriffen würden. Auch ging er an die Öffentlichkeit und wies
in seiner »Sturmflutmahnung« auf die großen Gefahren hin,
die seinem geliebten Eilande drohten:

Und du sollst, schönes Eiland vergehen,
Verschwinden, du Hallig, im Wogenschwall?

Doch leider wurde nichts unternommen. Dagegen glaubte
die Regierung, der Insel und seinen Bewohnern einen Dienst
zu erweisen, wenn sie den althergebrachten Namen in
Hiddensoe umwandelte. Die Einwohner hielten aber an
der alten ihnen von den Vorvätern überlieferten Schreib=
weise und Aussprache fest und nannten sich weiter Hidden=
seer. Auch Ettenburg trat für die alte Namensform ein, die
auch die Schweden zur Zeit ihrer Herrschaft in Pommern nicht
angetastet hatten, und agitierte für Wiedereinführung der
alten Bezeichnung. Erst später, Ettenberg erlebte es leider
nicht mehr, kam man den Wünschen der Bewohner nach
und verschaffte der alten Form wieder Geltung.
Ettenburg, der für alles Bodenständige ein tiefes Verständnis
besaß, setzte sich dafür ein, daß auf Hiddensee die alten

Heimatformen der Bauweise und des ursprünglichen Natur=
lebens gewahrt blieben, damit seine Eigenart nicht beein=
trächtigt würde. Aus dem gleichen Bestreben trat er oft in
seinen Vorträgen in althiddenseer Tracht auf, die der noch
heute auf Mönchgut vorherrschenden ähnelte.

Hiddensee hatte Ettenburg den Seelenfrieden wieder gegeben,
und sein ganzes Streben ging dahin, sich dankbar zu zeigen.
Seiner unermüdlichen Propagandatätigkeit gelang es, die
Insel der Vergessenheit zu entreißen und sie zu einem viel=
besuchten Erholungsort umzuschaffen. Er führte auch die
heute allgemein üblichen Namen »Flaggenberg«, »Hidden=
seer Riviera«, »Walhalla« und »Swantewitschlucht« ein.
Einen mächtigen Felsblock an der Steilküste des Hochlandes
nannte er den »Bismarckstein« und versah ihn mittels Teer
und Schlemmkreide mit dem Namen des Altreichskanzlers,
einen etwas weiter liegenden kleineren Stein mit dem Namen
des Grafen Zeppelin.

Jahre vergingen. Ettenburg weilte im Sommer als Einsiedler
und Gastwirt auf Hiddensee, im Winter rezitierte er in den
Großstädten aus eigenen Werken und pries die Schönheiten
seines »söten Lännekens«. Wenn der Herbst ihn von der
Insel trieb, rief er ihr noch den Scheidegruß nach:

> Soll wirklich jetzt von dir nun scheiden
> Dein Einsiedler, mein Hiddensee?
> Soll deinen Wogenstrand ich meiden
> Und deiner Berge luft'ge Höh?
> Doch wo ich wandre, wo ich weile,
> Stets wendet sich zu dir mein Blick:
> Auf dir gewann ich -- wie so viele --
> Den »Menschen« wieder mir zurück!

Durch sein fortgesetztes Bemühen wurde Hiddensee immer
mehr bekannt, und die Zahl der Badegäste stieg von Jahr
zu Jahr. Die Gastwirte konnten Erweiterungen vornehmen,
die Fischer hatten durch Abvermieten von Zimmern an
Badegäste einen guten Nebenverdienst, den sie wohl zu
schätzen wußten, die Lietzenburg -- das heutige Wahrzeichen
von Kloster -- entstand, und weitere Privatbauten folgten,
aber dem Manne, der zu dieser ungeahnten Entwicklung
hauptsächlich beigetragen hatte, dem vor allem der schnelle
Aufschwung der Insel zu danken war, blieb der äußere
Erfolg aus. Ja, man versagte ihm selbst auf der Insel
jegliche Anerkennung. Kam man mit den Bewohnern ins
Gespräch und wies sie darauf hin, daß sie doch ihrem Ein=

siedler unendlich dankbar sein müßten, so erhielt man oft als Antwort: »he is doch mall!« oder griff zu der Ausrede: »dat wier ok all soo kamen.«

Damit aber nicht genug. Dem Einsiedler blieb es nicht erspart, auf der Insel seine herbeste Enttäuschung zu erleben. Im Herbst 1909 wurde sein Pachtvertrag von der Eigen= tümerin der Insel, dem Heiliggeistkloster in Stralsund, nicht erneuert, denn ein anderer war gekommen und hatte das Vielfache der bisherigen Pachtsumme geboten, um ein modernes Waldhotel zu errichten. Den Stralsunder Rats= herren stiegen keine ideellen Bedenken auf, daß sie durch die Kündigung, die einer Ausweisung gleichkam, dem Ein= siedler den schnödesten Undank für seine unermüdliche uneigennützige Propagandatätigkeit abstatteten, von der auch die Stadt durch die Wertsteigerung des Hiddenseer Bodens den größten Nutzen hatte. Wie bitter mußte der ideal veranlagte Ettenburg diesen nüchternen krämerhaften Geist empfinden, der doch in einem solchen Widerspruch zu ihrem »Hanseatentum« stand.

Nun stand er, da er seine schwedische Bauernschänke schon früher seiner einstigen Helferin Frau Kollwitz überlassen hatte, wieder vor der Frage: wohin? Sein Plan, sich zwischen Sellin und Baabe anzusiedeln, mißlang, denn auch auf Rügen wollte man ihn nicht dulden und versagte ihm die Konzes= sion für einen Gastbetrieb. Da stellte ihm in letzter Stunde ein Freund Gelände in Vitte=Süd zur Verfügung. Er brach seine Baulichkeiten auf Tannhausen ab und siedelte nach dem Vitter Dünenstrand über, wo er sein neues Heim errichtete. Er nannte es nach einer treuen Toten »Einsie= delei Mathilde.«

> Wohl rauscht nicht mehr der Tannenwald
> Zur Klause mir herein;
> Dafür das Lied der Woge schallt
> Zu mir durchs Fensterlein!
> Und über mir, so lieb und traut,
> Die Lerche singt ihr Lied:
> Sie grüßt, wie ich, dich »Wellenbraut«,
> Und — alle Sorge flieht!

In der ersten Zeit hatte Ettenburg auch hier guten Zuspruch, denn viele alte Freunde, die das Verhalten der Stralsunder Klosterverwaltung mißbilligten, sahen es als ihre Ehren= pflicht an, ihn in seiner neuen Dünenschänke aufzusuchen. Auch neue Badegäste, die so viel Seltsames von dem Ein=

siedler gehört hatten, stellten sich ein, um ihn kennen zu lernen und waren gewöhnlich sehr erstaunt, einen ganz vernünftigen Menschen, mit dem man angenehm plaudern konnte, anzutreffen. Seine einzige Hilfe war hier ein junger Mensch, den einige – wohl aber zu Unrecht – für einen Sohn aus der ersten Ehe hielten.

Als der Krieg ausbrach und der Fremdenstrom auch nach Hiddensee sehr nachließ, versah er seine Schänke, in der nur alkoholfreie Getränke erhältlich waren, allein. Und jetzt war und blieb Ettenburg wirklicher Einsiedler, denn mit der Zeit geriet er langsam in Vergessenheit, und nur selten verirrte sich ein Neugieriger nach seiner abgelegenen Klause. Was tat's, waren doch Hansi, der Esel, und Pussi, der Kater, ihrem Herrn, der das dunkle Waldgewand mit dem weißen »Strandtalare« vertauscht hatte, in treuer Anhänglichkeit gefolgt. Wahrscheinlich wäre der Einsiedler, der von seiner Schänke und gelegentlichem Verkauf seiner nur im Selbstverlag erschienenen Dichtungen leben mußte, verhungert, wenn ihm jetzt einige Hiddenseer und andere gute Freunde, unter denen auch mancher Stralsunder war, nicht beigestanden hätten.

Jetzt, da er alt geworden, blieb er auch den Winter über auf der Insel. Doch da es ihm nun an Verkehr mit Gebildeten fehlte, wirkte diese ständige Abgeschlossenheit sehr ungünstig auf ihn ein. Er vernachlässigte offensichtlich sein Äußeres, was besonders denen ins Auge fallen mußte, die ihn einst als den vornehmen, feingebildeten Mann kennen gelernt hatten. Hier hatte wohl der ständige Umgang mit den Fischern abgefärbt. Ettenburg kannte fast alle persönlich und duzte sich mit ihnen in dem heimatlichen Platt, das auch er im Laufe der Zeit erlernt hatte. Als Freund der See wußte er »besseres Wasser« wohl zu schätzen und verfiel leider einem schon früher gefröhnten Laster, dem Trunk. Aber wer will hier richten? Mußte der Mann, dem die vorher unbekannte Insel soviel zu danken hatte, nicht zu irgend einem Trostmittel greifen, wenn er überall bei den Gastwirten und Fischern einen gewißen Wohlstand sah, der vordem nicht dagewesen war, und dann seine eigene gedrückt pekuniäre Lage in Vergleich zog!

Auch sein von hohem Idealismus getragener Plan, auf Hiddensee eine Kindererholungsstätte zu gründen, war gescheitert. Aber trotz alledem ließ er nicht ganz den Mut

sinken, er blieb ja »ein Sonntagskind, geboren unter Orgel=
ton und Glockenklang« und hoffte auf bessere Zeiten.

Weht aber einst auf meiner Klause
»Weltfriedens« weiße Fahne licht,
Dann tausche ich im Bretterhause
Mit dieser Erde Fürsten nicht.

VI.

Gott grüße Dich! Mein sötes Land
Im 26. Sommer!!
Einen *besseren* Gruß ich nirgends fand,
Bin Schlesier, aber nicht Pommer.
Doch ganz und gar gehört Dir mein Lieben,
Bist *tief* in meine Seele geschrieben,
Du einzig schönes, Du »sötes Land«
An Rügens schäumenden Westenstrand!

Vitte-Süd, Frühling 1919.

Im Jahre 1919 konnte Ettenburg auf einen fünfundzwanzig-
jährigen Aufenthalt in Hiddensee zurückblicken, doch es war
einsam um ihn geworden und aus der Jubiläumsausgabe
seines Reiseführers klingt ein Todesahnen. Er kränkelte,
die Gicht und andere Leiden plagten ihn.
Im Oktober zog es ihn wieder einmal nach der alten Stadt
am Sund. Krank und matt irrte er in den Straßen umher.
Manche Vorübergehenden sahen ihn, wie er in seinem
schwarzen Talar einherging, spöttisch an und ließen höhnische
Bemerkungen fallen. Da krampfte sich sein Herz in bitterm
Weh. Waren ihm die Stralsunder nicht eigentlich zu Dank
verpflichtet? Ja, erst durch ihn war Hiddensee ein wert-
volles Besitztum ihrer Stadt geworden. Aber der Mohr hatte
seine Schuldigkeit getan, er kann gehen! Ja, er wollte gehen,
aus dieser Welt scheiden, in der es nur Undank gab, und
er griff nach der Waffe in seinem Überrock. Doch die Hand
mochte wohl zittern, der Schuß ging fehl und fuhr in ein
Haus. In der sonst stillen Badenstraße wurde es lebendig,
Fenster wurden geöffnet, Menschen eilten herbei, da flüchtete
er in eine Gastwirtschaft. Auch ein Polizeibeamter tauchte
auf, dem einer, der Ettenburg wohl kannte, erzählte, »de
mall' Ettenburg har schaten un is dor ringahn« und wies
auf die Kneipe. Der Beamte besprach sich mit einem noch
hinzugekommenen Kollegen. Dann gingen sie zu einem in der
Nähe wohnenden Arzt und baten ihn mitzukommen. Als

die drei vor dem Gasthaus waren, sagte der eine Beamte:
»Herr Doktor, gehen Sie nur vor. Sie kennen ja Ettenburg.
Ihnen wird er nichts tun.«

»Na, na«, meinte der Arzt.

»Gehen Sie nur ruhig vor. Wenn Ihnen was passieren
sollte, wir werden Sie schon schützen!«

»Denn man tau«, sagte der Arzt, ein gebürtiger Stralsunder,
lächelnd und betrat das Restaurant. Ettenburg saß zusammen=
gekauert in einer Ecke. Der Arzt begrüßte ihn wie einen
Freund und nahm den Revolver, der auf dem Fensterbrett
lag, gemächlich zu sich: »Den lat mi man, son Ding hew
ick mi all lang wünscht.«

Ettenburg ließ ihn ruhig gewähren. Er war mit seinen
Gedanken weit ab. Der Arzt verständigte die Beamten, die
eine Droschke besorgten und darin den kranken Einsiedler
ins Krankenhaus brachten.

Da Hiddensee zum Kreise Rügen gehört, war das städtische
Krankenhaus nicht verpflichtet, ihn kostenlos aufzunehmen
und hätte ihn nach Bergen überweisen können, aber auf
eine Anfrage übernahm die städtische Klosterverwaltung
die Kosten. Sie machte damit wieder gut, was sie ihm
vor Jahren mit der Ausweisung aus dem Hiddenseer Berg=
walde angetan hatte. Lange sollte der kranke Einsiedler
nicht mehr leiden. Schon nach kurzer Zeit, am 30. Oktober
1919 schloß Alexander Ettenburg die müden Augenlider
für immer.

Keine Todesanzeige folgte, kein Nachruf! Die Stralsunder
Blätter brachten in ihrer Ausgabe vom 31. Oktober nur
folgende Notiz, die sich auf Ettenburg bezog:

> Ein anscheinend geisteskranker Mann gab in einer
> hiesigen Gastwirtschaft einen Schuß aus einem Revolver
> ab; er wurde festgenommen und dem Krankenhause
> zugeführt.

Während auswärts die Bremer Theaterzeitung einen aus=
führlichen Artikel über Ettenburgs Leben und Wirken brachte
und seiner Persönlichkeit volle Gerechtigkeit widerfahren
ließ, setzte ein Stralsunder Blatt folgende ihm wahrscheinlich
aus Hiddensee zugegangene Zeilen seinen Lesern vor:

> Vitte a. H., 4. November. (Der Einsiedler gestorben.)
> Alexander Eggers, gen. Ettenburg, der Einsiedler von
> Hiddensee, ist am 30. Oktober gestorben. Ettenburg
> war ein Original. Früher Schauspieler, verbrachte er
> den Sommer in Altefähr, später auf Hiddensee, während

er im Winter in Berlin lebte oder auf Vortragsreisen war. Auf Hiddensee gründete er zunächst die gern besuchte Einsiedler=Klause Tannhausen, wo er auch seine selbstverfaßten Sommerspiele aufführte. Später wurde er ausgemietet und er siedelte mit seinem Esel »Hansi« nach dem Vitter Strand über, wo er in der »Einsiedelei Mathilde« den Rest seines Lebens als »Gastwirt und Schriftsteller« (so stand auf seiner Visitenkarte) verbrachte. Im vergangenen Sommer kränkelte er und jetzt ist das *»verrückte Genie« auf dem Sarg, auf dessen Deckel Ettenburg über 30 Jahre nachts geschlafen hatte, gestorben.* 33 Jahre hat er auf Rügen verbracht. Mit Ettenburg und dem letzthin verstorbenen Maler Oskar Kruse = Lietzenburg ist Hiddensee um zwei Persönlichkeiten ärmer geworden.

Der Notiz folgten Eingesandts seiner Freunde, die der Verunglimpfung Ettenburgs nach seinem Tode widersprachen. Sie mögen hier auszugsweise wiedergegeben werden:

Nun ihm ist die Ruhe zu gönnen. *Aber du Hiddensee verhülle dein Haupt!* Ist es damit abgetan, acht Tage nach dem Tode deines Einsiedlers ein paar Worte in der Zeitung zu schreiben, daß das verrückte Genie auf seinem Sargdeckel gestorben ist? — Ja, der Mohr hat seine Schuldigkeit getan, er kann gehen. — Weißt du auch, Landsmann, was dieses Genie für dich getan hat?

Sötes Länneken, du schliefst jahrhundertelang deinen Dornröschenschlaf. Da kam ein Unbekannter, wohl von den Stürmen des Lebens Verschlagener, um in deiner Einsamkeit zu genesen. Und du ließest ihn gewähren. Aber auch sein Dank blieb nicht aus. Wenn er auch mit Neid und Mißgunst zu kämpfen hatte, so hat er dich zu dem gemacht, was du augen= blicklich bist, ein gern besuchter Erholungsort für den müden Städter, und der Städter ist eine nicht zu unterschätzende Einnahmequelle für dich. Darum danke deinem Entdecker anders als mit einen paar ins *Lächerliche* gezogenen Worten. Landsleute, ich wäre wohl der Erste, mein Scherflein zu einem würdigen Standbild beizutragen; aber auch wir wollen mit der modernen Zeit fortschreiten. Ihr übernehmt jetzt den Dampfer »Caprivi«. Wie wäre es, wenn wir den für uns nichts sagenden Namen abstreiften und unser erstes Schiff nach unserem Entdecker benennen?

Denn Hiddenseer, er war als *Genie verkannt*, doch wer hat ihn denn verrückt genannt? Hast du die Kleinigkeiten abgestreift, wirst du vielleicht ein großer Geist?   R.H., Vitte I.

Und ein anderes:

Der Schreiber jener Notiz scheint Tatsachen über E.'s Leben und Sterben überhaupt nicht zu kennen, sonst wäre es wohl unmöglich, solche Unwahrheiten über ihn einem gutgläubigen Publikum vorzusetzen.

Ich kann dem Schreiber mit Bestimmtheit versichern, daß Ettenburg nicht in dem Sargdeckel — sein Verbrennungssarg bestand aus recht dünnem Zinkblech — 30 Jahre geschlafen hat. Dies ist einfach eine Unmöglichkeit. Und jetzt soll er sogar darauf gestorben sein?

. . . . Aus diesem Büchlein stammt wohl auch der Ausdruck »Verrücktes Genie«, wie eine Berliner Zeitung einmal von ihm schrieb! Nur wer Gelegenheit gehabt hat, mit E. zu plaudern, so wie ich sie oft und stundenlang hatte, wird nie etwas von seiner Verrücktheit, vielleicht aber von seinem Genie gemerkt haben. Ich kenne Männer und Frauen mit Namen von gutem Klang, die des öfteren Rücksprache mit ihm genommen haben. Dann wird er doch wohl nicht so ein »verrücktes Genie« gewesen sein!

Und für uns Einwohner von Hiddensee hat er viel getan, so viel, daß wir uns dagegen verwahren, wenn man diesen Mann noch nach seinem Tode der Lächerlichkeit preisgibt. Ihm ist — natürlich auch anderen — zu verdanken, daß Hiddensee jetzt von so zahlreichen Fremden besucht wird. Ihm kann *die Stadt Stralsund,* die größte Grundbesitzerin auf Hiddensee, *danken, wenn der Hiddenseer Strand jetzt das Vielfache von dem wert ist, was er vor 30 Jahren wert war.* Die Verwaltung des Stralsunder Heiliggeistklosters hätte ihm in Anerkennung seiner Verdienste eine Freistelle im städt. Krankenhause verschafft. Es sei ihr noch jetzt öffentlich dafür gedankt.   Wr.

Und in einem weiteren Eingesandt, das aus Düsseldorf kam, heißt es:

Von einem Stralsunder aus der Ferne.

Herrn R. H. in Vitte I ein Loblied. Er hat das Wort

ergriffen für unseren jüngst dahingeschiedenen Alex=
ander Ettenburg, den Einsiedler von Hiddensee. Mit
Recht und richtigem Verständnis. Er war kein »ver=
rücktes Genie«. *Alltägliche Menschen haben ihn aller=
dings nicht recht verstehen können, andere desto mehr*
. . . . Von Anbeginn seines Einzugs in Hiddensee
propagierte er für die Herrlichkeiten dieses Eilandes
in Wort, Bild und Schrift, pries es als »Helgoland der
Ostsee«, schrieb Führer, veranstaltete ein Natur=
Theater u. a. m. Hiddensee wurde hierdurch bald
in *aller Welt bekannt* und konnte sich eines stets zu=
nehmenden Fremdenzuzugs erfreuen.

Wer hat denn nach Kosegarten und vor Ettenburg
viel von Hiddensee gewußt? Alles lenkte vor Zeiten
nach dem Haupteiland Rügen, welches durch seine
Land=, Wald= und Seeromantik die Besucher immer
wieder anfesselte. Das aber auf Hiddensee nicht minder
ähnliche Schönheiten aufzufinden waren, daß hatte
nach *langem Dornröschenschlaf* erst Ettenburg wieder
entdeckt und der Welt wissend gemacht. Ihm gebührt
daher für sein Wirken der allseitige Dank nicht nur
Hiddensees, sondern aller seiner Freunde, Gönner und
Verehrer und aller, deren Fuß er dorthin gelenkt hat.
In jedem Fall gehört er in die Landeschronik . . . . .
Darum möge wenigstens sein Name mit dem Geschicke
dieses vor ihm fast vergessenen Eilandes verknüpft
bleibt. Geschieht dieses nicht, wächst bald Gras
darüber und sein Schein verblaßt im Schatten der
Vergangenheit.

Gedenkformen finden sich vielerlei; z. B. nach Vor=
schlag des Herrn H. »Dampfer Alexander Ettenburg«
oder »Ettenburg Stein«, E.=Weg, E.=Dünen etc. Es
läßt sich manches bilden.

Möge Herrn H.'s und dieser Vorschlag breiten Fuß
fassen und zur Sache weitere Anregung bringen, laßt uns
Ettenburg, *den unbestreitbaren Wiederentdecker und
Förderer Hiddensees, nicht vergessen, damit sein Name
mit der Geschichte dieses wunderbaren Eilandes unaus=
löschlich verbunden bleibt.*

Ehre seinem Andenken!

Düsseldorf. E. E.

Und welche Anhänglichkeit und Trauer bekundete man auf
Hiddensee, wo Ettenburg über 25 Jahre gelebt hatte?

Als er einst am Saume des Bergwaldes auf dem Flaggen=
berg, wo der Weg zu seinem Tannhausen führte, stand,
trat ein Stralsunder Freund, der auf Hiddensee oft der Jagd
nachging und sich einen Namen als »Schwanentöter« gemacht
hatte, zu ihm und meinte:»Hier warn di de Stralsunner
noch mol es en Denkmal setten.«

»Ach watt«, war des Einsiedlers Antwort, »de warn sick
schön heuden«. Seine Antwort war in Wirklichkeit noch
sehr viel drastischer.

Und Ettenburg sollte recht behalten, denn man dachte auf
Hiddensee garnicht daran, den in den Zeitungen gegebenen
Anregungen nachzugehen. Der Dampfer Caprivi fuhr unter
seinem alten Namen weiter und kein Stein, kein anderes
Gedenkzeichen überliefert seinen Namen der Nachwelt.

In seinem kleinen Märchenspiel spricht die Fee Hidde zu
ihrem Einsiedler:

> Bist du einst tot,
> So werde dir, mein teurer Sohn,
> Der eine, schöne Erdenlohn:
> Daß, solang noch mein Land besteht,
> Ein treu' Gedenken nicht vergeht
> An den »Einsiedler von Hiddensee«,
> Sein liebewalten auf luftiger Höh.
> Hast dann ein menschenwert Ziel erstrebt,
> Dir selbst, und vielen zum Heile gelebt.
> Und wenn du einst schläfst im Dünensand
> Den letzten Schlummer, und allbekannt
> Geworden ist unser Eiland weit —
> Dann komm ich zu dir im weißen Kleid
> Mit all' meiner köstlichen Zaubertracht,
> Und schmücke dein Grab in Vollmondnacht
> Mit dem einzigen Zauber auf Hiddensee,
> Du einsamer Schläfer auf waldiger Höh!

Und wenn der Vollmond über der Insel steht, dann steigt
wohl die Fee vom Bergwalde zu der kleinen Inselkirche
hernieder, um sein Grab zu schmücken, doch sie wird es
nirgends finden, denn ein tragischer Zufall wollte es, daß
nach Ettenburgs Einäscherung in Greifswald die Urne mit
seiner Asche auf dem Postwege von dort nach Hiddensee
verloren ging. So ging auch sein letzter Wunsch, einst auf
dem kleinen Inselfriedhof in der geliebten Erde seines »söten
Lännekens« zu ruhen, nicht in Erfüllung.

Jetzt sind zehn Jahre nach seinem Tode vergangen, viele
seiner alten Freunde sind inzwischen auch verschieden.
Wer kennt ihn noch von der neuen Generation.

Und geht noch weitere Zeit ins Land, dann wird er wohl
ganz vergessen sein. Dann geht wohl auf des Dornbusches
Höh' ein leises Raunen, und nur seine Tannen flüstern sich
Ettenburgs Namen zu.

NACHWORT

Zuerst sei hier allen denen gedankt, die mir das eine oder andere aus Ettenburgs Leben in liebenswürdigster Weise mitteilten und es mir dadurch ermöglichten, seinen Lebenslauf ausführlicher zu schildern, als es sonst der Fall gewesen wäre.

Trotzdem erhebt dies Büchlein keinen Anspruch darauf, sein Wirken gänzlich zu erschöpfen. Es stellt nur einen Versuch dar, seiner Persönlichkeit Gerechtigkeit widerfahren zu lassen und seinen Namen der Vergessenheit, der er bereits anheim= gefallen ist, zu entreißen.

Wohl keinem hat das Schicksal ärger als ihm mitgespielt. Als er auf Hiddensee zu wirken begann, stieß er überall auf die größte Verständnislosigkeit und man versuchte, ihm in jeder Weise Schwierigkeiten zu bereiten. Als dann sein Ziel, Hiddensee in aller Welt bekanntzumachen, fast erreicht war, begegnete man ihm mit dem größten Undank und ver= bannte ihn in eine stille Inselecke, weil man ihn für einen Schädling hielt! Und doch, es sei hier nochmals wiederholt, mag man es am Sund und auf Hiddensee nicht wahr haben wollen, nur Alexander Ettenburg, der Einsiedler von Hiddensee, hat die kleine wunderbare Ostseeinsel dem Dorn= röschenschlaf entrissen und sie der Menschheit wiedergegeben! Und als Dank ließ man ihn verkommen, daß er fast in der Gosse einer sundischen Straße gestorben wäre!

So erging es ihm ähnlich wie manchem anderen bedeutenden Manne, der von der Mitwelt nicht verstanden, sich kümmer= lich durchs Leben schlagen mußte, dessen Größe aber erst von späteren Geschlechtern erkannt wurde.

Die Inselbewohner wußten nicht, was sie an ihm hatten und konnten sich selbst nach seinem Tode nicht dazu aufschwingen, ihm ein ehrendes Gedächtnis zu bewahren. Drum wende ich mich an Euch, *Stralsunder:* zeigt, daß *Ihr* anders denkt und schafft Alexander Ettenburg, der soviel für Hiddensee und damit auch für unsere liebe alte Heimatstadt getan hat, ein bleibendes Denkzeichen. Über den Sund und unsere herrlichen Stadtteiche streicht ein frischer Wind, Stralsund blüht wieder auf und führt Jahr für Jahr seine Straßen weiter ins Land hinaus. Treu der Tradition und der großen Vergangenheit Eurer Stadt nennt Ihr sie nach bedeutenden, verdienstvollen Männern, die einst in Stralsund lebten. Drum gebt einer neuen Straße den Namen *Alexander Ettenburgs, des Einsiedlers von Hiddensee!* Dies wünscht und hofft

OTTO DANCKWARDT

Auszüge aus Presseurteilen:

Rügensche Zeitung-Putbus

Schon viel ist über Hiddensee geschrieben, aber wohl kaum ist ein so stimmungs=
volles Bild von dieser Insel gegeben worden wie in dem Buch: »Alexander
Ettenburg«. Man sieht deutlich das langgestreckte Eiland vor sich mit all
seinen unsagbaren Naturschönheiten, man fühlt den Zauber, der von diesem
gottbegnadeten Fleckchen ausgeht, und hört das Rauschen und Brausen des
Meeres, das immer dasselbe schwermütige Lied singt und doch so unglaublich
wechselvoll ist . . . . Möge daher dieses Büchlein viele Anhänger finden und
dazu beitragen, ihm diese Schuld nach seinem Tode doch wenigstens noch
etwas abzutragen. M.

Stralsundische Zeitung-Stralsund

. . . . Der Verfasser hat sich ganz in das Wesen dieses seltenen Mannes hin=
eingelebt . . . . Aus jeder Zeile sprechen Liebe und Verständnis, die dem
Verfasser alle Ehre machen. Er sucht Ettenburg psychologisch zu erklären,
gibt an Hand von kleinen Anekdoten und Erinnerungen ein Bild von dem
selbstlosen, durch und durch anständigen, nur Gutes wollenden Menschen
Ettenburg und bringt ihn uns näher . . . . Man wird es ihm zu danken haben,
daß er den Versuch machte, Ettenburg aus dem Dunkel ins Helle zu ziehen,
ihn mit seinem über alles geliebten Hiddensee für immer zu verbinden, ihm
ein literarisches Denkmal zu errichten und ihm so einen Teil des Dankes
abzustatten, den er verdient hat. —ka—

Grimmer Kreiszeitung-Grimmen

Dem Andenken eines unverstandenen Genies ist dieses Büchlein gewidmet,
das versucht, den so viel geschmähten Namen eines Mannes, dem Hiddensee
seine Berühmtheit verdankt, wieder zu Ehren zu bringen . . . . Das Leben
dieses eigenartigen Menschen hat Otto Danckwardt mit viel Liebe und Ver=
ständnis geschildert . . . . Mancher unserer Mitbürger hat Alexander Ettenburg
wohl noch gesehen und wird dieses Büchlein mit großem Interesse lesen.

General - Anzeiger - Stettin

Der in Pommern viel genannte und verkannte, besuchte und belachte und
schließlich vergessene Schlesier wird hier in einem liebevoll gezeichneten Bilde
vor uns hingestellt, als der, der er in Wirklichkeit war: eine für die Sprache
echter und großer Natur schwärmerisch veranlagte Seele. . . . . Das Heftchen
ist flott geschrieben, umspannt einen Lebensroman und stellt ein Verdienst
des Verfassers dar. Freunde der schönen Insel seien auf diese Ehrenrettung
eines zu Unrecht Vergessenen hingewiesen. H. P.

Anklamer Zeitung - Anklam

. . . . Otto Danckwardt hat es unternommen, eine literarische Ehrenrettung
für den Menschen Ettenburg zu schreiben, ein Büchlein, zu dem Mut gehörte . . . .
Möge das Büchlein vielen Verehrern der einzigartigen Ostseeinsel eine unge=
trübte Stunde der Freude und des Genusses bereiten und möge es dazu bei=
tragen, den Namen ihres Einsiedlers vom Fluche der Lächerlichkeit zu befreien.
Das wäre ein schöner Dank, den wir alle dem schlesischen Sänger unseres
pommerschen »söten Lännekens« schuldig sind.

Barther Tageblatt - Barth

. . . . Nun stattet ihm der Verfasser mit seinem Büchlein einen Teil des Dankes
ab, den er bei Lebzeiten nicht geerntet hat. Er schildert in teilweise humor=
voller Art das bewegte Leben dieses verkannten Künstlers, Dichters und
Philosophen, dem die Hiddenseer so viel zu danken haben, und gibt zugleich
ein stimmungsvolles Bild von dem schönen Inselland. Jeder Heimatfreund
dürfte das Buch mit Freude begrüßen.

Volksbote - Stettin

. . . . Sie versetzt den Leser immer wieder auf die einzigartige Ostseeinsel,
schildert ihre Schönheiten und läßt in jedem Besucher Hiddensees, besonders
in jedem Bekannten ihres nunmehr vor zehn Jahren verstorbenen Einsiedlers
alte Erinnerungen an schön verlebte Tage und Stunden wach werden . . . . Dafür
sei dem Verfasser gedankt von allen Freunden des »söten Lännekens« und seines
Wiederentdeckers und begeisterten Sängers: Alexander Ettenburg. Fr. W. S.

Der Einsiedler in seiner Bergwaldschänke. Als 1912 sein Pachtvertrag hier nicht verlängert wurde, eröffnete er südlich von Vitte die Einsiedelei „Mathilde". Richtig verkraftet hat er seine Vertreibung aus Tannenhausen aber nie.

Swantiwits Fall.

Melodramatisches Volks-Festspiel in 1 Akt für die Insel Hiddensee bei Rügen,

verfaßt von

Alexander Ettenburg,

dem „Einsiedler von Hiddensee".

Die Musik ist componirt vom Organisten Th. Rückert in Berlin (Gnadenkirche).

Selbstverlag des Verfassers.

— Alle Rechte vorbehalten. —

Bühnen gegenüber als Manuscript gedruckt.
(Erstes Tausend.)

Commissarischer Verlag der Bremerschen Buchhandlung, Stralsund.
Preis **30** Pfennig.

Hofbuchdr. H. Bohl (G. F. Spalding & Sohn), Neustrelitz.

Bergschlucht auf Hiddensee; der Schauplatz des Festspiels.

P. S.

Aufführungen des Festspiels finden in jeder Saison unter Mitwirkung der Bewohnerschaft der Insel und des Fischer-Gesangvereins unter der Leitung des Verfassers statt.

Der Ertrag dieser Aufführungen soll dem von mir projectirten „Seehospiz für arme Berliner Kinder" zu Gute kommen.

Die verehrten Zuschauer werden gebeten, den 5. Vers des Schlußchores mitzusingen.

Der Verfasser.

Den Einwohnern seines geliebten „söten Lännikens"
widmet dieses „Spiel aus den Tagen der Vergangenheit",
zur Erinnerung an sein erstes Betreten der Insel (vor
12 Jahren, am 31. August 1888) in treuer Freundschaft
der „Einsiedler von Hiddensee",
Alexander Ettenburg.
„Einsiedelei Mathilde"
zu Grieben, Saison 1900.

An Gerhard Hauptmann.

O Hiddenseer Einsamkeit,
Mit Waldesduft gepaart,
Du bist der Insel schönstes Kleid,
Bist von ganz eig'ner Art!

Und bist ein Künstler, Dichter Du:
Kehr ein auf Hiddensee!
Wie Gerhard Hauptmann, find'st hier Ruh',
Im Wald auf Bergeshöh'.

Hier rauscht die Tanne Dir ihr Lied,
Die Woge nnten weich,
Und über Dir die Lerche zieht
Durch's blaue Himmelreich!

Der Verfasser.

Personen.

Helga, eine Hiddenseer Fischersfrau.

Tjelwa, deren Tochter.

Swenn, ein junger Fischer, ihr Verlobter.

Witzlaff, Oberpriester des Swantiwit.

Pater Gordino, Cisterzienfermönch, später Abt Peter auf Hiddensee.

Swantiwitpriester, Cisterzienfermönche, Frauen, Männer und Kinder von Hiddensee und Arkona.

Zeit: Das Sonnenwendfest (Johannistag) um 1296.

Scenerie: Eine Waldschlucht des Hochlandes mit dem Swantiwit = Opferaltare. Im Hintergrunde die offene Ostsee.

Scene 1. (Kurze Hornfanfare.)

Waldthal mit Swantiwit-Opferaltar.

Volk von Hiddensee, festlich geschmückt, die Frauen mit großen, weißen wendischen Kopftüchern und bunten Kleidern, die Männer mit weiten weißen Beinkleidern und Sturmhüten angethan kommen aus dem Walde und steigen in die Schlucht nieder, gefolgt von Kindern. Etwas später tritt Helga, umringt von ihren sie tröstenden Nachbarinnen auf, um ebenfalls zu dem mit Grün geschmückten Opferaltare hernieder in die Schlucht zu steigen.

Helga (in heller Verzweiflung zu den sie umgebenden Frauen.)

Was nützt mir Euer Trösten — Eure Worte,
Ihr guten Nachbarinnen? — Nicht so viel!
    (macht eine bezeichnende Handbewegung)
Mein armes Kind stirbt doch den Tod als Opfer!
Denn kein Erbarmen kennt Gott Swantiwit,
Und Witzlaw, der sein Priester, hat kein Herz!
Er kennt nur Haß und Blutdurst, kennt nur Rache!
Denn seine Liebe, die er einst mir weihte,
Ist längst verraucht, wie dort das ekle Feuer
Vom Vorjahr ist, darin er Herz und Augen
Der letzten Opfer Swantiwit bracht dar,
Wie heute er's mit meinen Kindern thut! — —
Und helle Freude zeigte Witzlaws Antlitz,
Als Tjelwa sich das Todesloos gezogen,
Und dann auch Swenn das gleiche Schicksal traf,
Den sie so innig liebt, wie er sie wieder!
    (in Thränen ausbrechend und händeringend)
O dieser Jammer! — Beide sollen sterben
Von einer Hand, die einst mir Liebe schwur,
Die ich verschmähte! — Diese beiden Kinder,
So jung, so schön, in Liebe eng verbunden,
Verbluten seh'n an Swantiwits Altäre!

    (sich fassend und fast getröstet)
Und doch — in meiner Seele ist ein Hoffen,

So sonnenhell und wunderbar und stark,
Als wär's vom Himmel in mich niederstiegen!

(zu den Frauen in lebhafter Schilderung)

Denkt Euch, mir träumte: Eine weiße Taube,
Halb Adler aber auch zugleich und schwarz,
Die kam daher aus blauer Luft geflogen.
Von Osten kam sie — von Arkonas Felsen,
Und trug ein seltsam, goldnes Wunderzeichen,
Wie ich's noch nie erschaut, in ihrem Munde.

(Erstaunen unter den Frauen, die Helga mehr umdrängen)

Sie kam grad in dem Augenblick, als Witzlaw
Sein furchtbar Messer auf die Tochter zückte!
Ließ nieder sich auf Swantiwits Altar,
Schlug mit den Flügeln dort die Flammen nieder!

(größtes Erstaunen der Umstehenden)

Und Witzlaw stand, geblendet von dem Licht,
Das jenes Zeichen ausströmt, wie gebannt,
Vermochte nicht den Todesstoß zu führen;
Gerettet war mein Kind — so träumte mir!
Und jene Adlertaube — denkt Euch nur,
Sie trug das Antlitz eines greisen Mannes
Mit langem, weißem, silberhellen Barte!

(wieder Erstaunen der Umstehenden)

Solch Wunder hat kein Sterblicher erschaut,
Solang' man Swantiwit hier Menschen schlachtet.

(begeistert ausbrechend)

Ein größerer Gott, ein mächtiger muß leben,
Wer hätte sonst den Traum mir eingegeben?

(Gesang der Swantipriester wird hörbar von oben vom Walde her.
Helga wieder verzweifelt und auffahrend.)

Hört Ihr, jetzt kommen sie! Geschmückt zum Opfer
Bringt man das Liebespaar daher.

(Der Priesterzug mit den weiß gekleideten beiden Opfern, mit grünen
Kränzen im Haar, wird oben vom Walde her sichtbar. Helga macht
sich frei von ihren Nachbarinnen und geht mit wild emporgehobenen
Armen den Kommenden entgegen.)

Wo bleibt die Rettung — bald kommt sie zu spät!

(2 Knaben bringen in einem Becken das heilige Opferfeuer und Holz,
das sie, auf dem Altare aufhäufend, in Brand setzen. Das auf-

lodernde Feuer bringt Helga außer sich, sie wendet sich dem brennenden Altare zu, mit drohend erhobenen Händen.)

O, Swantiwit, grausamster aller Götter!
Es flucht Dir tausendfach ein Mutterherz,
Wenn sich anbetend alle Häupter neigen!

(wendet sich dem Zuge entgegen, von den Frauen bedrängt.)

Scene 2.

(Der Priesterchor kommt unter Gesang einher. Auf Tragsesseln bringt man in ihrer Mitte das zum Opfer bestimmte Brautpaar. An der Spitze des Zuges, dem viel Volk folgt, schreitet im weißen Priestertalare Witzlaw, mit 2 Mitpriestern mit grünen Kränzen geschmückt.)

Priester-Chor.

Swantiwit, Du Herr der Welt,
Nimm dies Opfer gnädig an,
Segne unser Meer und Feld,
Sieh, wir bringen Weib und Mann.
Beide sind in Lieb verbunden,
Glück, bringt's zehnfach unserm Strand!
Walt' in neuen Jahresstunden
Segnend über unserm Land.

Swantiwit, Du Herr der Welt,
Halte schirmend Deine Hände,
Ueber uns auf Meer und Feld,
Und die Sturmfluth von uns wende!
Mehre unser Hab und Gut,
Sieh, wir kommen wie versprochen,
Lösen uns mit Menschenblut;
Halte drum, was Du versprochen!

Swantiwit, aus Priestermunde
Ward uns stets Dein Wille kund,
Dem in jeder Jahresrunde
Wir gehorchten, bis zur Stund!
Darum nimm das Opfer an,
Swantiwit, Du großer Gott!
Sieh, wir bringen Weib und Mann,
Bleib' drum unser Insel Hort!

(Das Volk singt die 4 letzten Zeilen in Wiederholung mit, nachdem der Priesterzug, begleitet von Volk und Kindern, bis zum Altare hinabgeschritten.)

(Der Gesang ist verstummt. Helga ist mit Gewalt von ihren Nach=
barinnen zurückgehalten worden, zu ihren Kindern zu stürzen. Witzlaw
macht sich am Altare zu schaffen, vor dem die Tragsessel niedergestellt
werden. — Das Volk hat sich im weiten Umkreise aufgestellt.)

(Jetzt stürzt Helga, sich mit Gewalt losmachend, auf den Altar zu,
Witzlaw das Wort abschneidend.)

O, seht mein Kind! Wie schön — und sie soll sterben,
Von Witzlaws Hand — ihr treuer Swenn mit ihr!
Kann wohl ein größeres Leid auf dieser Erden,
Als meines einem Menschenkinde werden?

(in wilder Wuth das Opferfeuer zu zerstören suchend, von den Priestern
zurückgedrängt.)

Verflucht — verflucht sei Swantiwits Altar!
Verflucht die Flamme, welche Herz und Augen
Von Swenn und Tjelwa ewig mir soll rauben!

(Nach wildem Ringen führen die Nachbarinnen Helga tiefer ins
Volk hinein.)

Witzlaw (zum Volk gewandt, langsam und feierlich.)

Zwölf Monde sind's, als wir zum letzten Male
An dieser Stätte beteten zu Swanti,
Dem „weißen Gott" dem Erd= und Meergebieter!
Wir opferten ihm damals, so wie heute,
Je Weib und Mann — wie's Brauch auf unsrer Insel
Seit Väterzeit gewesen immerdar!
Denn Swantiwit will Blut für seinen Segen,
Der uns ernährt, will seinen Antheil haben,
An Mann und Weib, an allen andern Gaben,
Die uns dies Eiland schenkt, durch seine Güte!
Und jedes Jahr, wenn wiederkehrt die Sonne,
Von winterlicher Himmelsbahn zu uns,
Erneuern wir den Schwur von Alters her:
„Für Deinen Segen werde Menschenblut,
Dir Swantiwit, dem größten aller Götter!"
So lös' ich unsern Schwur auch heute wieder
Und bringe Swanti Menschenblut zum Opfer.

(Bewegung in der Menge. Helga schreit laut auf. Das Brautpaar
sinkt sich in die Arme.)

Auf das Brautpaar zeigend.

Ein Brautpaar traf das Loos! Das ist ein Glück,
Ein großes, seltnes, unserm Insellande!

Denn keine Sturmflut dräut dies Jahr dem Strande,
Auf dem ein Brautpaar Swanti fiel als Opfer!

(zu den Schlachtopfern gewandt)

Freut Euch des Segens, den Eu'r Sterben bietet
Für Hiddensee, das Swantiwit behütet!
Du Tjelwa, reine Jungfrau, stirbst zuerst,

(laut schreit Helga auf und sucht sich loszureißen)

Der blutg'e Stahl trifft dann erst Swenn, den Jüngling!
So will's der Gott, wenn ihm ein Brautpaar stirbt.

(zu Tjelwa)

Tritt näher, Tjelwa — bete laut zu Swanti
Um Segen für Dein Land! — — — —

(Er greift mit der Linken ins offene Haar Tjelwas, mit der Rechten
holt er mit dem Opfermesser zum Todesstoße aus — mit einem
Sprunge steht Helga, außer sich — neben Witzlaw und ergreift mit
beiden Händen den hoch erhobenen Arm mit dem Messer.)

Helga (außer sich)

Verblendeter,
Hartherz'ger Priester, halte ein und höre,
Was Dir ein Mutterherz für Botschaft bringt:
Du lügst, sagst Du, ein Gott, der Herr der Welt,
Braucht Menschenblut für all' den reichen Segen
Den er den Menschen giebt auf Erdenwegen!
Mir sagt's mein Herz — das fand nur Menschenwitz!
Ein Gott denkt anders — fordert keine Zahlung!
Sein Segen ist wie Sonnenschein und Regen,
Auf Böse fällt er und auf Gute nieder!
Ein Handelsmann ist Swanti — doch kein Gott!
Ein Tauschgeschäft, nur das ist Euer Opfer!

(sich zum Volke wendend)

Und unerschrocken sage ich's Euch Allen:
Ein größrer lebt — mir sagte es mein Traum!
Ein Gott, der gut — blutdürstig nicht wie Swanti!
Ein Gott, der groß und ewig wie das Meer!
So groß, daß Keiner Ihn begreifen kann,
Und nicht ermessen seiner Kräfte Fülle!
Nur fühlen kann man ihn — und zu ihm beten!
Und wie so weit und uferlos das Meer,

So weit ist auch die Güte jenes Gottes,
Der mir den Traum gesandt in letzter Nacht!

Witzlaw (Helga fortschleudernd, zum Volke, das unruhig zu werden
beginnt.)

Wahnsinnig Weib! Die Mutter spricht aus Dir,
Der man ihr Kind nimmt! — Hört nicht ihre Worte!
Folgt Euerm Priester, wie Ihrs stets gethan!
Swanti will Menschenblut — und soll es haben!
Ich schwur's für Euch, allhier vor Jahresfrist!
Und was ich schwur — bei Swanti! — wird gehalten,
Trotz dieses Weibes wüstem Traumgefasel!
So lang' wir denken, fiel das Menschenopfer
Am Sonnwendfeste, Swantiwit zu Ehren,

(Er ergreift aufs Neue Tjelwas Haar und hebt das Opfermesser.)

Drum Tjelwa stirb dem großen Gott, dem Herren!

Scene 3.

(Vom Meere herauf ist, während der letzten Rede schon, der Mönchszug
gestiegen. Voran der Pater Gordino, ein weißbärtiger, lang-
gelockter Greis, in der Hand den Doppel=Kreuzstab haltend; ihm zur
Seite schreiten zwei roth= und weißgekleidete Knaben mit Weihwasser-
und Weihrauchkessel. Ihm folgen paarweise die Mönche im Cistercienser-
ornat mit Capuzen. 2 der letztern tragen ein großes, aus rohen
Baumstämmen gezimmertes Kreuz auf den Schultern. Kinder in weißen
Gewändern, grüne Kränze tragend, umgeben den Mönchszug.)

(Helga hat sich aufs Neue von den Gefährtinnen befreit und ist zum
zweiten Male Witzlaw in den Arm gefallen — sie weist auf den
nahenden Mönchszug.)

Helga:

Zurück, Verruchter! — Hörst Du diese Töne?
Einmal vernahm sie schon mein lauschend Ohr!
So klang der Flügelschlag der Adlertaube,
Die mir mein Traum gezeigt in letzter Nacht!

Chor der Mönche.

Laßt uns Gott den Herren loben,
Wie's die Meereswelle thut,
Mit dem Lied der Lerche droben,
In der purpurn Abendgluth.

Laßt uns Gott den Herren preisen,
Jenen allgewalt'gen Geist,
Durch des Sanges fromme Weisen,
Der sein Lieben uns verheißt.

Der ein Vater und Erhalter
Jedes Dinges, was da ist,
Der der Schöpfer, Neugestalter,
Dessen Wesen Keiner mißt!

Laßt uns Gott den Herren loben
Nur mit Liebewerk allein!
Blutg'e Opfer sind Ihm furchtbar,
Wie der Hingewürgten Pein!

Nur wer liebet, darf „Ihm" nahen,
Seinem Altar licht und rein:
Hüllt doch Seine große Liebe
Erd und Sternenwelt dicht ein.

Der uns jenes heil'ge Zeichen,
Dieses Strahlenkreuz einst gab,
An dem Jesus Nazarenus
Blutend für die Menschheit starb!

(Witzlaw, der dem Nahen der Mönche mit tiefstem Erstaunen, wie
das Volk, begegnet ist, schüttelt jetzt, sich ermannend, Helga, die noch
immer seinen erhobenen Arm umklammert hält, roh von sich — hebt
zum dritten Mal das Opfermesser zum Stoße gegen die in die Knie
gesunkene Tjelwa. Aufs Neue fällt Helga ihm in die Arme.)

Helga:

Zurück — sag' ich. Rühr' mir meine Kinder nicht an!
Sie steh'n im Schutze jenes andern Gottes.
Der größer ist als Swantewit der Grause!
Blick dorthin, Witzlaw — — — — — —

(sie weist auf den Mönchchor, der jetzt unweit des Altars Aufstellung
genommen und sein Holzkreuz in seiner Mitte hoch aufgerichtet hält.
Ein Schrei des Erstaunens entfährt Helgas Munde — tief ergriffen
ruft sie — — — — —)

Was muß ich erkennen?

(laut jubelnd, als ihr Blick jetzt Pater Gordino begegnet ist.)

Er ist's, er ist's! Es naht die Adlertaube!
So sah er aus, der Greis in letzter Nacht;

Und jenes hohe, goldne Zeichen,
Das er in seinen Händen trägt daher,
Dasselbe ist's, das ich im Traum geseh'n!
(sie geht dem Pater entgegen und kniet vor ihm nieder — feierlich
und groß.)
Wer Du auch seist — in wessen Nam' Du kamst:
Gesegnet sei! Du nahst zur rechten Stunde.
Und wer Dich sandte — welcher Gott es sei —
Ein größ'rer ist's als der, den wir bekennen!
Er thut ein Wunder heut' an meinen Kindern,
Will nicht ihr Blut! — Wer es auch immer sei,
Wie Er sich nennt — wo Er auch immer wohne —
Ich bin die Seine — preise Seinen Namen:
Gelobt sei Er — der Dich gesandt hat! — — —

Gordino (mit der Rechten das Zeichen des Kreuzes nach Helga
machend, feierlich)
                                    Amen!
              (feierlich zu Helga, die noch immer kniet)
Weib, Du sprachst wahr! Gelobt sei Jesus Christus!
              Chor der Mönche (feierlich.)
   In Ewigkeit!
          Gordino (fortfahrend, zum Volke gewandt.)
                              Er ist's der mich gesandt,
Her von Arkona heut' zu Eurem Strande,
Euch den „lebend'gen Gott", den Großen, „Einen",
Der ohne Anfang, ohne Ende ist,
Den unser Kopf nicht — nur das Herz begreift,
Der unser Aller Vater und Erhalter,
Zu dem sich betend unsre Hände heben,
Den Meeressang und Lerchenlieder preisen;
Euch diesen Gott, den „Herrn der Welt" zu künden!
(Große Bewegung im Volke. Wieder zur knieenden, verzückt lauschenden
Helga gewandt.)
Wie Dir auch immer die Erkenntniß ward,
Ob Freude sie — ob bitt'res Leid sie brachte,
Das ist hier gleich! Weib, Du hast viel erkannt!
       (Er legt aufs Neue den Kreuzstab auf Helgas Scheitel.)
Steh' auf! — Gesegnet! Wandle Seine Pfade! —
Ein einzig großes Lieben ist Sein Walten,

Und „Liebe=üben" nur Sein Gottesdienst!
Mit Lieben nur erringet Ihr den Segen
Deß', den ich kam zu künden übers Meers!
Doch niemals sühn't den „Einen" rauchend Blut
Unschuld'ger Kinder, grausam hingeschlachtet!
Ein Wahn ist das, den Priesterwitz erfand,
Er wird ersterben heut auf diesem Land!

(Große Volksbewegung.)

Witzlaw (empört dazwischen rufend, indem seine Mitpriester sich
dichter um ihn rotten.)

Hört nicht auf ihn! — Nicht auf das tolle Weib!
Verführen will man Euch und ab Euch wenden
Von dem Gott, dem schon dienten Eure Väter,
Der Euer Land beschützt bis diesen Tag!
Hört Eures treuen Swantipriesters Worte:
Gott Swanti will sein Opfer, muß es haben,
Wollt Ihr vor ihm besteh'n, vor seinem Namen!
Den falschen Gott verkündet Jener da!
Weh' Euch und Eurem Lande, Euren Kindern!
Ja, Euren Vätern „Wehe" noch im Grabe!
Hört Ihr sein Wort und laßt Ihr Euch bethören!
Nur ein Gott ist, so weit der Himmel blaut,
So weit die Meereswellen brandend schäumen,
Und „Swantiwit der Große" nennt er sich!

(Große Bewegung unter dem Volke.)

Gordino (überlegen.)

Gieb Dir nicht unnütz Mühe! Deine Zeit
Ist um, Du Swantipriester! — Hör' mich an:
Ein Weltgesetz stößt Dich von dem Altare,
An dem Du treu dem falschen Gott gedient!
Ich bin nur Werkzeug in dem großen Plane!
Das Kleine ist dem Großen unterworfen,
Das Schwache räumt dem Stärkeren den Platz!
Was heut' mit Recht besteht, ist morgen nichtig!
Denn mit der Menschheit wächst auch die Erkenntniß
Von „Gott und Welt", und nimmer steht sie still! — —
Drum werde ich, statt Deiner, jetzt hier walten!
Auf! Räume mir den Platz an dem Altar!

Mein Gott, der „Weltenvater" — „Er" ist groß!
So groß, daß alle Tempel und Altäre
Zu klein erscheinen, um „Ihn" zu verehren!
Sein Tempel ist die Welt — das ganze All!
Millionen Sterne, Erden, wie die uns're,
Sie sind Sein Werk, das Seine Größe kündet
Von Alters her, bis in die spätste Zeit!
Dann wieder auch: Das „Menschenherz" im Busen,
Der „Liebe" Sitz — die „kleine Welt im Stillen",
Sie künd't uns deutlich uns'res Gottes Willen,
Nur muß man lernen: sorgsam drauf zu hören,
Die Gottesstimm' in uns wird Böses wehren!

(begeistert fortfahrend)

Ein Vater ist der Gott, den ich Euch künde,
Wir, Seine Kinder, sind Ihm unterthan,
Nicht immer sind uns klar die vielen Gründe,
Womit Er lenket unfre Lebensbahn!
Den Einen bringt Er nur durch Leid zum Ziele
Und Jenem dort wird Freud' in reicher Zahl!
Der Schicksalswege sind ja gar so viele,
Und Jeder geht sie ohne eigne Wahl.
Nur der Gedanke: Gott hat sie gewiesen,
Denn Er weiß besser, was zum Ziel uns bringt,
Und allzeit sei Sein heil'ger Nam' gepriesen,
Sei das, was unser Leben hier durchdringt!
Ein Bruder sei der Eine einem Jeden,
Nicht Zwietracht herrsche, noch der Rache Geist,
Den Feind zu lieben, gern und ganz vergeben,
Das ist es, was des Ew'gen Namen preist!
Nicht solche Opfer hier von Mensch und Thieren,
Wäscht Eure Sünde, Euer Unrecht ab,
Nicht rothes Blut wird Seinen Altar zieren,
Nein! Liebewerk, gethan bis an das Grab!
Nur, also werdet All' Ihr Seine Kinder,
Sein Dienst ist leicht — und Seine Liebe groß!
Er rechtet nimmer mit dem armen Sünder,
Führt „Liebe" ihn zu seines Vaters Schooß!
Wollt Ihr Ihm dienen — unserm „Gott der Liebe"

Anstatt hier Swantiwit, wie Ihr jetzt thut,
Mit Nächstenliebe — nicht mit grausen Opfern,
Mit Eurer Kinder schuldlos, rothem Blut?

(Große Bewegung im Volke und Rufe der Massen.)

„Ja, Deinem Gotte!" — „Dem, den Du uns kündest!"

Witzlaw (voller Entsetzen und außer sich.)

Ihr seid von Sinnen! Er hat Euch behext!
Gott Swanti, sende Deinen Richtstrahl nieder,
Zerschmett're ihn und sie, die Dich geläftert,
Vernichte dieses Land, das treulos Dir!
Sei Richter Swantiwit, sei Richter hier!

(Pause der Erwartung.)

Gordino (in heiliger Ruhe lächelnd.)

Vergeblich ruft Du den — der niemals war!
Sieh, so sehr fürcht' ich Swantiwit den „Großen",
Daß ich es wag' — sein Feuer auszustoßen!

(Gordino fährt mit seinem Kreuzstabe auf den Altar und stößt das
heilige Feuer auseinander. Witzlaw — die Priester — das Volk
schreit laut und entsetzt auf — dann große Pause.)

Witzlaw (tief niedergebeugt, verzweifelt, da das Volk sich jetzt um
die Mönche rottet und ihn gänzlich zu verlassen scheint.)

Es ist gescheh'n! Wo bist Du Swantiwit?
Hast Hiddensee den Rücken Du gekehrt,
Das treulos heute sich Dir abgewendet?

(entschlossen und finster)

Wie dem auch sei — ich bleibe treu dem Gotte,
Dem ich gedient so manches Lebensjahr!
Und wendet ab sich dort die ganze Rotte,
Ich bringe Swanti heut' sein Opfer dar!
Ein Mann hält immer, was er hat versprochen:
Ich schwur vor Jahresfrist Dir Menschenblut
Am heutigen Tage, Swantiwit! Gebrochen
Hab' ich noch nie mein Wort, das frei ich gab.
So nimm, da Jene dort sich von Dir wenden,
Mein eignes Blut aus Deines Priesters Händen!

(Er stößt sich das Opfermesser in die Brust und bricht am Altare
zusammen.)

(Ein Schrei geht durch das Volk.)

Gelobt — sei Swantiwit — der — starke — Gott!

(Die Priester fangen Witzlaw in den Armen auf.)

Leb wohl — mein — Hiddensee!

(Er zeigt sterbend hinauf zum Walde.)

Begrabt mich — dort!

(Er stirbt.)

(Große, stumme Bewegung im Volke — die Priester legen Witzlaws
Leiche am Altare nieder. Feierlich tritt Gordino näher — kniet nieder
und drückt Witzlaw, nachdem er die Hände zu kurzem Gebet erhoben,
beide Augen zu. Eine Weile verweilt er noch im stummen Gebet an
der Leiche — seine sämmtlichen Begleiter sind mit ihm niedergekniet.
Dann erhebt er sich, feierlich und tief erschüttert.)

Er ist dahin! (zur Menge gewendet) Ein treuer Mann war er!
Ein Beispiel Euch! War auch sein Geist verblendet,
Verdient doch Achtung eine solche Treue,
Die er gehalten übers Grab hinaus!

(Er weist mit der Rechten nach oben.)

Ein Anderer ist Richter jetzt — nicht wir!
Ein Bruder starb — er ruhe aus in Frieden!

(Er macht das Zeichen des Kreuzes über der Leiche.)

Dort oben grabt sein Grab, wie er's begehrt,

(deutet hinauf zum Walde)

Ich selber werd' an seiner Ruhstatt beten! —
Hebt ihn jetzt auf, tragt ihn hinauf zum Walde,

(Die Priester heben den Leichnam auf einen Tragsessel.)

Sein letzter Wunsch — er werde uns Befehl!

(Zu den Kreuzträgern gewandt.)

Ihr aber, gleich wie auf Arkonas Felsen,
Errichtet jetzt das Kreuz auf dem Altare,
Der Liebeslehre weithin ragend Zeichen!

(Das Kreuz wird in den Altar eingefügt. Kinder bekränzen den Altar.)
(Gordino ergreift den Weihwasserkessel und besprengt den Altar aus
demselben, nachdem ihn ein rother Priestermantel und Stola um-
gegeben ist.)

So weih' ich dich mit dieser reinen Fluth
Dem Dienst des Höchsten, dem leben'gen Gotte!

(Das Rauchfaß ergreifend.)

Nicht Menschenblutrauch steige fürderhin

Von diesem Altar in die reinen Lüfte,
Nur Liebe und Gebet und Weihrauchdüfte!

(Er umräuchert den Altar. Dann zum Volke gewendet, nachdem er
gebetet.)

Die erste Priesterthat an dieser Stätte
Sei darum auch ein Werk der heil'gen Liebe!

(Zum Brautpaar sich wendend, das sich und Helga eng umschlungen hält.)
Ihr Beide, tretet näher!

(Helga führt das Paar dicht vor den Altar und kniet dort wieder mit
ihnen nieder.)

            Euer Loos!
Das Er, der Menschenvater, heut gestaltet
So wunderbar — es soll sich jetzt erfüllen!

(Er legt die Hände des Paares ineinander.)

Nur so begegn' ich Seinem heil'gen Willen!
Seid Mann und Weib fortan — in Lieb' verbunden,
Treu jenem Gott, der heut' Euch hier gefunden,
Wo Euch so bitt'res Todesloos bereitet! — — —

(Zum Volke sich wendend.)

Des Ew'gen Wege, sie sind wunderbar!
Erkennet das an diesem jungen Paar,
Ihr, die Ihr Zeugen ward, was hier gescheh'n!

(Zu Helga sich wendend.)

Du aber, Weib, mit der Prophetengabe,
Erhebe Deinen Geist und bete laut
Mit mir zu dem, der Erd und Himmel baut:

(Er kniet am Altare nieder, erhebt die Hände und betet. Alles folgt
seinem Beispiele, nur wenige bleiben stehen, die erst der Gesang auf
die Knie niederzwingt, darunter die zwei Priester.)

Lobe den Herrn, den mächtigen König der Ehren,
Meine geliebte Seele, denn das ist mein Begehren!
Kommet zu Hauf, Psalter und Harfe wacht auf!
Lasset die Musikam hören!

(Voll setzt der Chor jetzt ein mit dem 2 Verse. Pater Gordino erhebt
sich beim 3 Verse — er winkt den Trägern mit dem Tragsessel mit
Witzlaws Leiche, welche von den Genossen des Oberpriesters umringt
wird. Der Zug setzt sich nach dem Walde zu, bergan, in Bewegung.
Hinter dem Tragsessel schreitet der Pater, den Kreuzstab in der Hand
— ihm folgen die Mönche paarweise, dann das übrige Volk in bunter

Reihe. Hinter den Mönchen schreitet das Brautpaar, geführt von der
Mutter. Sofort beim Beginn des Zuges beginnt die 3. Strophe des
Chorals. Bei der 5. Strophe setzt die ganze Zuschauermenge mit ein.
Das Posaunen= oder Hornquartett begleitet den Choral von Anfang
bis Ende mit getragenen Fanfaren.)

Chor=Gesang

(gesungen von allen Mitwirkenden während des Aufstiegs zum Walde.)

Lobe den Herren, der alles so herrlich regieret,
Der Dich auf Adelers Fittigen sicher geführet,
Der Dich erhält, wie es selber Dir gefällt:
Hast Du nicht dieses verspüret?

Lobe den Herren, der künstlich und fein Dich bereitet,
Der Dir Gesundheit verliehen, Dich freundlich geleitet:
In wie viel Noth hat nicht der gnädige Gott
Ueber Dir die Flügel gebreitet?

Lobe den Herren, der Deinen Stand sichtbar gesegnet,
Der aus dem Himmel mit Strömen der Liebe geregnet.
Denke daran, was der Allmächtige kann,
Der Dir mit Liebe begegnet.

(Jetzt fällt das ganze Publikum mit ein.)

Lobe den Herren; was in mir ist, lobe den Namen!
Alles was Odem hat, lobe mit Abrahams Samen!
Er ist Dein Licht, Seele, vergiß es ja nicht!
Lobende schließe mit Amen.

(Der Zug verschwindet im Walde. Eine Hornfanfare ertönt.)

Schluß.

Im Verlag von **Ferd. Becker** zu Bergen a./R.

erschien bereits:

„Wunna, die Jungfrau von Rügen"

Dramatisches Gedicht

von

Alexander Ettenburg

dem „Einsiedler von Hiddensee".

Preis **50** Pfennig.

Alexander Ettenburg im Kreise seiner Gäste vor der Einsiedelei „Mathilde". Nach der schwedischen Bauerschänke in Grieben und der Bergwaldschänke war dies seine letzte Station auf Hiddensee.

XVI.

Bücher und Schriften des „Einsiedlers"
Alexander Ettenburg
wohnt heute zu Vitte-Süd am Dünen-Strande:

1. Die Insel Hiddensee bei Rügen. Informationsbuch. II. Auflage und II. Tausend.
2. Wunna, die Jungfrau von Rügen. Dram. Gedicht und Operntext. Verlag von F. Becker, Sassnitz.
3. Swantiwits Fall, Hidd. Volks-Festspiel. Selbstverlag.
4. Hidde, die Fee d. söten Lännekens. Märchenspiel. Selbstverlag.
5. Brautwerbung a. Tannhausen, Gelegenheits-Schwank. Selbstverlag.
6. De Swinhandel,
7. De Vossjagd tau Vitte,
8. De Tegenzucht,
9. Der Einsiedler von Hiddensee,

   } humoristische Vortrags-Nummern (a. Manuskripte) im Selbstverlage.

10. Ein Tag auf Hiddensee, Original-Schwank in 5 Akten.
11. Dramat. Bearbeitung v. Runebergs „König Fjalar" (aus d. Schwedischen).
12. Dramat. Bearbeitung v. Gesellhofen „Jungfrau v. Kynast".
13. Die Serenade, Operettentext,
14. Der Ring v. Hiddensee. Erzählung,
15. Getroffen. Erzählung v. Ostseestrande,
16. Johanniszauber „ „ „
17. Kl. Geschichten „ „
18. Der Christbaum, erzählendes Gedicht,
19. Ton- und Stimmbildung,
20. Theosoph. Gedanken,   } Aufsätze,
21. Abhandlungen über die Feuerbestattung und Tierschutz,

   } liegt alles im Manuskripte vor.

22. Wallenstein v. Stralsund, Hist.Volks-Festspiel. Mus. v. Baumgart.
23. Lorley, ein Operntext.
24. Die weisse Frau auf Hiddensee, eine Sage, erzähl. Gedicht.
25. Vineta, eine Ballett-Dichtung.
26. Der ethische Wert der Röntgenstrahlen-Entdeckung. Ein Aufsatz.
27. Wie ich verbrannt wurde. Cremat. Humoreske.
28. Div. lyrische Gedichte.
29 und 30. Div. Aufsätze, Abhandlungen, Berichte und von Albert Baumgart-Berlin komponierte Liedertexte.

Achtung!

„Der Einsiedler von Hiddensee"

empfiehlt sein

Strandrestaurant und Café

zu **Vitte-Süd.**

Nächste Wege: via **Neuendorf**
mit Dampfer „**Strelasund**", dann
am Ostseestrand entlang weiter, **via
Vitte** mit Dampfer „**Falke**" und
„**Caprivi**" und **via Fährinsel**
durch Abbooten mit **allen Stralsunder Verkehrsdampfern!**

!! **Nicht** über Kloster !!

Ergebenst

Alexander Ettenburg,
Einsiedler.

o o o

P. P.

**Meinen Gästen stehen vier
Badehütten zur Benutzung!**

Insel Hiddensee bei Rügen.

Strand-Restaurant und Café

Einsiedelei Mathilde

zu „Vitte-Süd"

empfiehlt sich allen Touristen und
Sommerfrischlern von Hiddensee und
:: :: vom westlichen Rügen. :: ::

Original-Einsiedler-Postkarten
 oooooo **und Schriften.** oooooo

Besitzer und Leiter: **Alexander Ettenburg**
noch immer der **Einsiedler von Hiddensee.**

(Nächster Weg zum „Strandrestaurant des
Einsiedlers" **via Neuendorf** oder **via Vitte,**
resp. auch Abbooten an der Fährinsel.)

> Einst stand im Waldesschatten
> Das traute Häuschen mein — —
> Heut — läd's auf Dünenmatten
> Zur Rast den Wandrer ein!!
> Doch wo's auch immer ragte,
> Am Strand — auf steiler Höh,
> Von uns man stets noch sagte:
> „Dort find' Ihr Hiddensee"!
> „Den eignen Inselzauber,
> Den schlanken „Siedlermann"
> Uns beide eben trennen
> Der Tod allein nur kann!!

Vitte Süd 1912.   **Alexander Ettenburg.**

Dampfer-Verbindungen

nach

Hiddensee

zwischen

Stralsund—Vitte a. Hiddensee und Wiek a. Rügen

durch die

Salon-Dampfer „Falke" u. „Caprivi"

Besitzer: **G. Bentzien, Wiek a. Rügen.**

Von Beginn der Schiffahrt bis zum 15. Juni fährt einer dieser Dampfer werktäglich.

Ab Wiek	7	Uhr Morg.	Ab Stralsund	3^{15}	Nachm.
„ Vitte	8^{15}	„ „	„ Vitte	5^{30}	„
An Stralsund	10^{30}	„ „	An Wiek	6^{45}	„

Vom 15. Juni bis 1. Oktober.

Dampfer „Falke"			Dampfer „Caprivi"		
Ab Wiek	7	Uhr Morg.	Ab Stralsund	8^{15}	Morg.
„ Vitte	8^{15}	„ „	„ Vitte	10^{30}	„
An Stralsund	10^{30}	„ „	An Wiek	12	Mittags

Ab Stralsund	3^{15}	Uhr Nm.	Ab Wiek	5^{30}	Uhr Nm.
An Vitte	5^{15}	„ „	„ Vitte	6^{45}	„ „
„ Wiek	6^{30}	„ „	An Stralsund	9	„ „

Aenderungen vorbehalten!

Durchgehende Fahrkarten von Berlin, Dresden, Leipzig etc. nach Vitte a. Hiddensee.

— Fahrkarten haben auf beide Dampfer Gültigkeit. —

Sonntags Sonderfahrten über Ostsee und Bodden.

Die Salondampfer
„Hiddensee" und „Strelasund"

fahren zwischen
Stralsund, Neuendorf a. H., Schaprode a. R., Kloster a. H.

wie folgt:

**Vom Beginn der Schiffahrt bis zum 1. Juli und vom 1. September
bis Schluss der Schiffahrt**

Kloster	ab	7^{00}	vorm.	Stralsund	ab	3^{15}	nachm.
Schaprode	„	8^{00}	„	Neuendorf	„	5^{00}	„
Neuendorf	„	8^{20}	„	Schaprode	„	5^{30}	„
Stralsund	an	10^{30}	„	Kloster	an	6^{30}	„

Täglich an den Werktagen.

Vom 1. Oktober, nach Abnahme der Tage, findet die Abfahrt von
Kloster 30 Minuten später statt, während die Nachmittags-
Abfahrtszeit von Stralsund durch die Tagesblätter bekannt
gemacht wird.

Sommer - Fahrplan:

1. Juli bis Ende August täglich an den Wochentagen*

ab Stralsund	8^{00} Vm.	ab Kloster - Hiddensoe	7^{00} Vm.
„ „	1^{35} Nm.	„ „ „	10^{30} „
„ „	3^{15} „	„ „ „	7^{00} Nm.

Tagesfahrten zu ermässigten Preisen.

Bei **Tagesfahrten** wird dem Publikum bei **Vormittags-Abfahrt**
ein **Aufenthalt von 9 Stunden,** bei **Nachmittags-Abfahrt** ein
Aufenthalt von 4 Stunden auf Hiddensoe geboten.

Die Dampfer **8 Uhr** morgens und **1,35** nachm. fahren von
Stralsund **direkt** nach Kloster, ebenso fahren die Dampfer
10,30 vorm. und **7 Uhr** nachm. von Kloster **direkt** nach Stralsund,
jedoch wird, nach vorheriger Meldung auf den Dampfern, in
Schaprode, Neuendorf und Haiderose (Fährinsel) **an- und abgebotet.**

* Im Juli und August fährt Dampfer „Hiddensee" oder
„Strelasund" **auch an den Sonntagen** laut Bekanntmachung
durch die Tagesblätter.

Vereine und Schulen haben Preisermässigung. — Das An-
und Abboten geschieht auf Rechnung und Gefahr der Passagiere.

Aenderungen im Fahrplan vorbehalten. Siehe Spezialfahrplan.

A. Prätz, Stralsund
Fährwallstrasse 11.
Fernsprecher 735.

Durchgangs-Fahrkarten von Berlin—Dresden—Leipzig usw.
nach Niendorf und Kloster-Grieben.

Ebenfalls
im Verlag tredition erschienen:

**Die Insel Hiddensee –
das Ostseebad der
Zukunft**

Reprint des Reiseführers
von Alexander Ettenburg
aus dem Jahr 1912

ISBN: 978-3-8495-9996-6
€ 12,95

**Ein Pinguin
auf Hiddensee**

Naive Inselpoesie
70 Gedichte
von Tomas Güttler

ISBN: 978-3-7345-6780-3
€ 9,95